助梦童心
传统文化与幼儿美术教育

王楠 彭佳乐 著

文化藝術出版社
Culture and Art Publishing House

图书在版编目（CIP）数据

助梦童心：传统文化与幼儿美术教育 / 王楠，彭佳乐著. —北京：文化艺术出版社，2021.3
ISBN 978-7-5039-7076-4

Ⅰ.①助… Ⅱ.①王…②彭… Ⅲ.①美术课—教学研究—学前教育 Ⅳ.①G613.6

中国版本图书馆CIP数据核字（2021）第040264号

助梦童心：传统文化与幼儿美术教育

著　　者	王　楠　彭佳乐
责任编辑	叶茹飞　李　特
责任校对	董　斌
书籍设计	马夕雯
出版发行	文化藝術出版社
地　　址	北京市东城区东四八条52号（100700）
网　　址	www.caaph.com
电子邮箱	s@caaph.com
电　　话	（010）84057666（总编室）　84057667（办公室） 　　　　　84057696—84057699（发行部）
传　　真	（010）84057660（总编室）　84057670（办公室） 　　　　　84057690（发行部）
经　　销	新华书店
印　　刷	国英印务有限公司
版　　次	2021年5月第1版
印　　次	2021年5月第1次印刷
开　　本	710毫米×1000毫米　1/16
印　　张	16.5
字　　数	215千字
书　　号	ISBN 978-7-5039-7076-4
定　　价	58.00元

版权所有，侵权必究。如有印装错误，随时调换。

序

"传统文化与幼儿美术教育"是一个具有新时代意义的命题。它是在中华优秀传统文化的继承和发扬的基础上，力图通过美术教育这一重要途径形成研究与实践的方向，努力追求对于传统文化中幼儿美术教育课程体系的建构与思考，这对于王楠、彭佳乐来讲是一件很不容易的事。这本书稿能够圆满完成，是与她们对传统文化深入的、系统的研究分不开的。在她们不断地学习和实践中，旨在从理念、目标、内容、题材、途径、方法等方面，促进幼儿全面、和谐发展。

此著作是以传统文化为切入点，通过美术教育努力实践的成果。我仔细地阅读了这本书稿，惊喜之余也非常赞赏王楠、彭佳乐两位老师对传统文化探索、研究、思考的勇气，以及她们在传统文化与幼儿美术教育中努力学习与实践的精神，赞同她们提出并一直追求践行的"以美育人，美育人生"的教育理想和教育使命。她们在传统文化的背景下，梳理了现当代美术教育理论，在借鉴和吸收的过程中，结合自身长期在幼儿园美术教育的活动实践，提升了幼儿教师对传统文化的理解以及审美情趣、审美意识、审美能力。

这本书给我留下深刻的印象，首先，是在《3—6岁儿童学习与发展指南》的精神指导下，促使传统文化通过美术教育落地。在活动设计时强调每个幼儿的审美感受和艺术创造能力的发展，贴近幼儿的兴趣、经验和需要，反映幼儿生活，反映北京优良的民风、民俗和文化精华，符合幼儿年龄特点和学习规律，突出了幼儿美术教育在欣赏、绘画、手工制作以及多元化综合的艺术表达形式，结合传统文化，吸纳、梳理了适宜幼儿发展的教育题材和内容。在教育的途径、方法上能够从幼儿实际出发，注重教育活动的成效，借鉴和创造了很多行之有效的教育方法、形式和手段，并从理论上进行了提升和解释。

其次，是一种开放的教育心态和对美术教育理论的整合思考。在与幼儿亲切对话、交流中感悟到幼儿可爱的童心，通过幼儿游戏体验、感知想象和创造表达，深入幼儿的心理，细心观察他们在心理能力方面的发展，发现他们的发展潜能和智慧，了解到不同个性和在不同教育环境中成长起来的孩子的不同兴趣和能力。在幼儿的作品交流分享中，找到了打开幼儿心灵的钥匙，探索美术教育中教学内容的方法和规律。她们始终以一种开放的心态不断鞭策、丰富自己，保持着与幼教同行的密切交流，并在交流中取长补短。坚持以幼儿为主体，充分调动幼儿的观察力、感知力、想象力和创造力，打破了传统以教师为主导的灌输式的教育模式，以启发式教学方式支持和鼓励幼儿多元化地表达自己的所感、所想、所见，让幼儿在积极互动参与中养成自主、探究、合作的习惯和品质。在整合国内外美术教育理论的研究与实践的过程中使幼儿美术教育教学具有系统性和科学性。

最后，是对传统文化的认真思考和美术教育理论与实践的严谨性。本书的研究与实践涉及传统文化与幼儿美术教育的方方面面：从对传统文化的梳理、选择，对幼儿审美教育活动方案的设计描述到对美术知识的实践界定，从对幼儿艺术创造的研究到对幼儿美术欣赏能力的观察，都凝聚着她们的心血和结晶。从书中引用资料的广度和深度来看，她们为了本书的写作，查阅了大量国内外的资料，阅读了艺术教育方面的著作，许多见解和看法、理论和规律都是从这么多年一次次的、认真的观察和实践中得来的。

幼儿美术教育是学前教育的重要基石，是传播传统文化的重要途径之一。在美术教育活动实践中，王楠、彭佳乐两位教师本着继承和发扬中华优秀传统文化的精神，用自己的爱心浇灌着艺术教育的园地，爱是教育的出发点，这里有她们对从事学前教育事业的爱，还有她们对幼儿的爱，对幼儿作品的爱，对幼儿艺术表达出的天真烂漫的个性和情感的爱。她们不但在幼儿美术教育实践和理论方面取得可喜的成果，而且还总结出了一套可行的经验和理论，对全面促进幼儿和谐发展、提升教师教育教学能力具有重要的意义，值得广大幼儿园教师学习和参考。

本著作是我目前看到的第一本全面依托传统文化在幼儿美术教育中研究与实践的专著，在思想和观念上有很多创新，将传统文化融入幼儿美术教育而形成的园本课程是一项具有重要价值和战略性的工作，在艺术领域迈上了一个新台阶。我衷心地祝贺王楠、彭佳乐的《助梦童心：传统文化与幼儿美术教育》一书的出版，这将进一步扩展她们在幼儿美术教育领域的研究，为艺术教育开辟一片净土。

2021年3月6日

前 言

《助梦童心：传统文化与幼儿美术教育》一书最初的构想是从民族、民间美术的内容去思考的。在实践中，随着对园所文化的定位、园本课程的发展、园所环境的创建等方面的深入研究，对传统文化的进一步解读和梳理，基于幼儿的全面发展，基于对中华优秀传统文化的继承，基于对中华美育精神的弘扬，基于国家对新时代公民的发展要求，我们提出了"以美育人，美育人生"的育人目标。以此为切入点，积极选择传统文化中适宜幼儿发展的、有教育意义和价值的内容和题材，通过美术教育中的欣赏、绘画、手工等多元化的表达，培养幼儿的感知力、想象力、创造力和审美能力，展现中华优秀传统文化的精神主旨。在发展中，不断落实以美立德、以美启真、以美育美的教育方式，使幼儿在启蒙阶段就培养爱祖国、爱家乡、爱社会、爱他人、爱自己的美好品质和良好习惯。正如《3—6岁儿童学习与发展指南》中明确指出的："在良好的社会环境及文化的熏陶中学会遵守规则，形成基本的认同感和归属感。"通过感受祖国各地的名胜古迹和不同地域的社会生活，在体验和欣赏的过程中激发幼儿的民族自豪感和爱国之情。运用适宜的方式在大自然和社会文化中引导幼儿萌发感受美、表现美、创造美的情感和审美态度，树立对中华传统文化的自豪感。

基于幼儿美术能力的发展与幼儿美术教育的属性，本书阐述了传统文化的内涵、传统文化和幼儿美术教育的关系，以及传统文化中幼儿美术教育活动的价值取向等基本问题。结合传统文化的内容，确定传统文化中幼儿美术教育的目标，设计幼儿美术教育的活动方案。为幼儿美术教育与其他教育领域的整合，从理念、实践策略以及幼儿美术教育评价等方面做了铺垫。

本书集教育性、审美性、适宜性、整合性于一体，既适合实际教育教学使用，又适合广大幼儿教师及家长阅读。首先，本书以幼儿美术教育为中心，通过传统文化传递的幼儿美术教育理念，符合幼儿美术学习的特点，是一种新的尝试和实践。其次，本书通过美术教育实践，呈现丰富的以传统文化为内容的幼儿美术教育活动方案。通过传统文化的内容，鼓励幼儿在美术教育活动中积极探索，潜移默化地培养幼儿的观察力、表现力、探究力、操作能力等多种能力，力求使传统文化在园所的环境育人建设中助力幼儿心智发展及家园共育，同时促进教师的专业能力。通过美术教育实践活动的设计与实施，在内容、形式、活动方式等方面，初步构建传统文化在幼儿美术教育中的课程体系。

在不断尝试、积极探索、努力践行中，以美术教育为途径，挖掘传统文化中蕴含的适宜幼儿发展的教育内容，汲取传统文化中广袤的精神内涵，培养幼儿对美术及传统文化终身爱好的情感，形成良好的审美观念、审美情趣、审美品位和美术素养，体现人的意义与价值、尊严与道德以及知、情、意、人格等文化内涵。以自主、合作、探究的方式关注生活，热爱传统文化，落实《幼儿园教育指导纲要（试行）》和《3—6岁儿童学习与发展指南》的精神，在今后的教育实践中努力前行。

目 录

第一章 概 述
第一节 传统文化 /003
第二节 传统文化与幼儿美术教育的关系 /011
第三节 传统文化在幼儿美术教育活动中的价值取向 /013

第二章 传统文化中幼儿美术教育的目标、内容、活动组织形式
第一节 传统文化中幼儿美术教育的目标 /017
第二节 传统文化中幼儿美术教育的内容 /024
第三节 传统文化中幼儿美术教育的活动组织形式 /029

第三章 传统文化中幼儿美术教育活动实践
第一节 传统文化中的节日 /034
第二节 传统文化中的美术 /087
第三节 传统文化中的社会生活 /135
第四节 传统文化中的文学故事 /182

第四章 基于传统文化中幼儿美术教育问题的思考
第一节 传统文化中幼儿美术教育与教师和幼儿的发展 /233

第二节　传统文化中幼儿美术教育与家园共育 /238

第三节　传统文化中幼儿美术教育与环境创设 /243

第四节　传统文化中幼儿美术教育资源的开发与整合 /247

后　记　/ 252

第一章

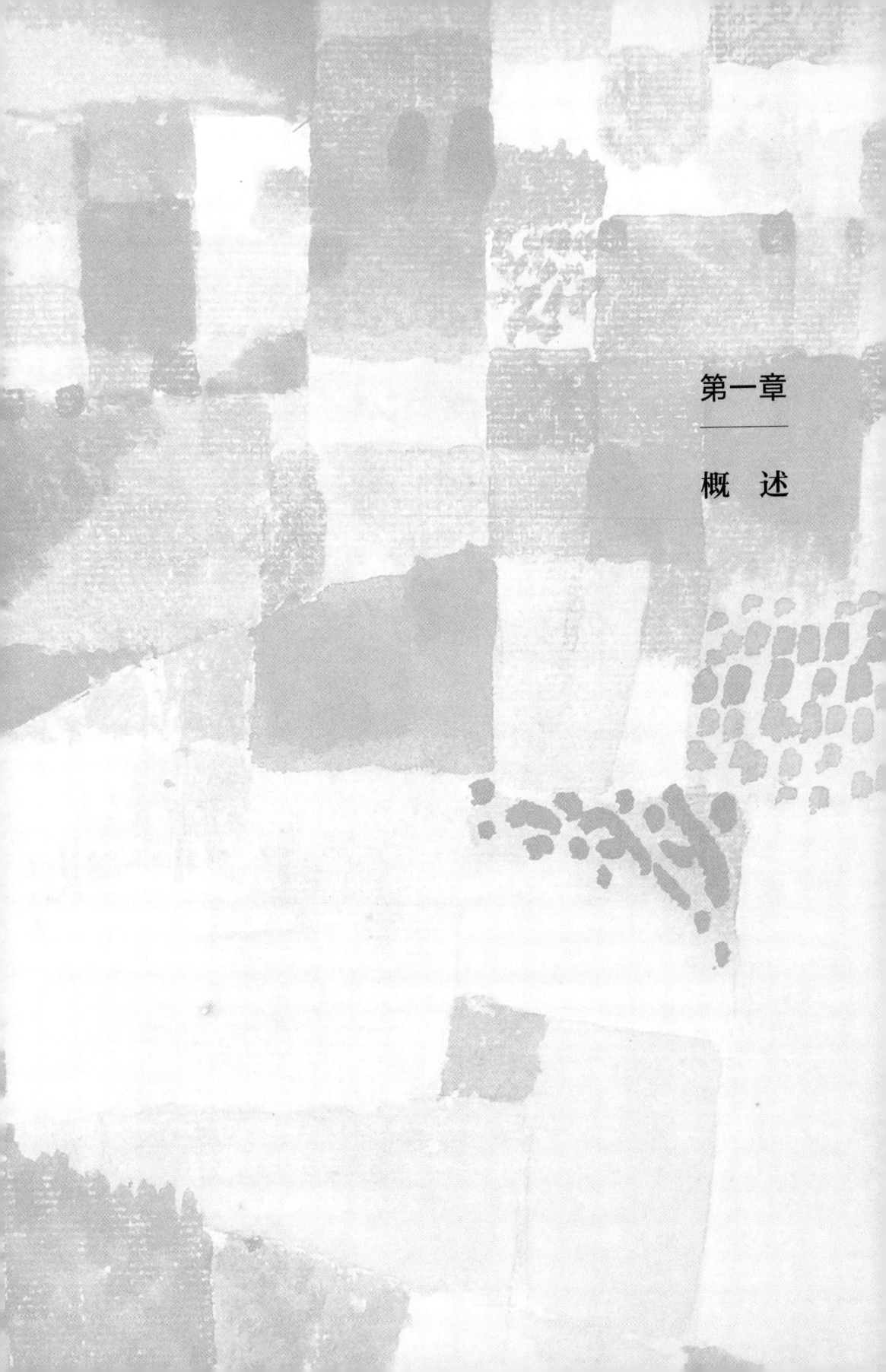

概述

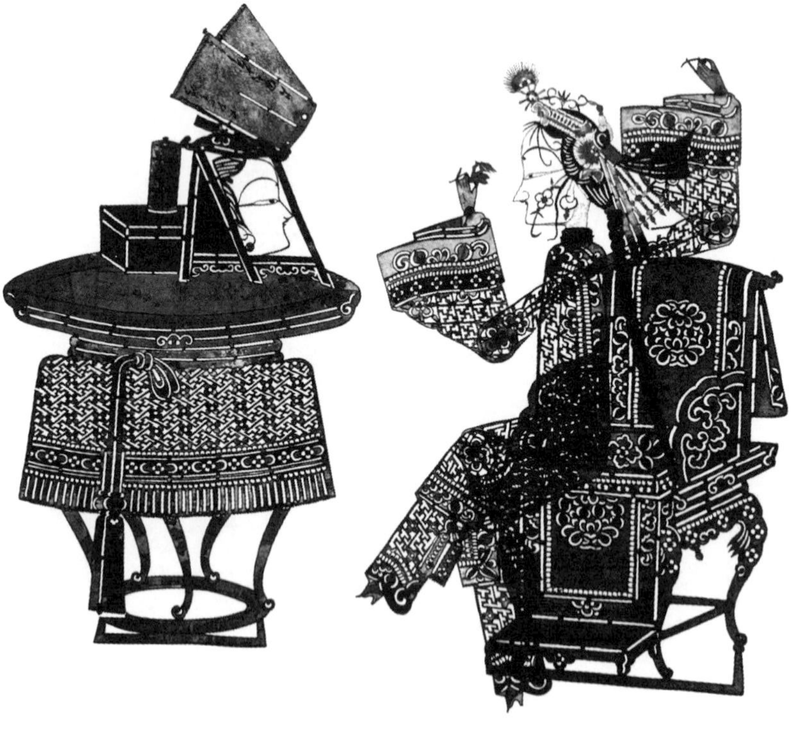

第一节 传统文化

中华民族的历史源远流长,传统文化博大精深,中华传统文化是植根于中华民族血液中的精神载体。中华传统文化门类繁多,历经数千年的发展屹立于世界的东方。传统文化中蕴含着极其丰富的教育资源,笔者通过对传统文化的研究和梳理,选择和确定了适宜幼儿美术教育的题材和内容,并用于开展生动有趣的幼儿美术教育活动。以美术教育为途径,弘扬中华优秀传统文化,在继承和发展中达成"以美育人,美育人生"的培养幼儿全面发展的育人目标。

中华传统文化范围非常广泛,包括思想、哲学、教育、文学、艺术、体育、饮食、自然、科学、人文和社会等方面,广泛地融入日常生活,与我们的衣食住行息息相关。根据传统文化的具体内容,在传承和弘扬优秀传统文化的过程中,笔者通过梳理和归类,尝试从4个方面进行具体的实践和研究,包括传统节日(春节、元宵节、清明节、端午节、中秋节、重阳节)、传统美术(水墨、扎染、剪纸、皮影、风筝、脸谱、面塑)、传统文学故事(文学作品、民间传说、神话故事)、传统社会生活(民族服饰、中华美食、体育游戏、民俗活动、名胜旅游)。

一、传统文化的内涵

中华传统文化是指在人类历史发展进程中,中华民族在特殊的自然环境、经济模式、政治结构、意识形态等方面的作用下所形成的文化习惯和文化积淀，它存在于中华民族的思维模式、价值观念、知识结构、伦理规范、行为方式、审美情趣、风俗习惯中，经过数千年的演绎和扬弃，已深深融入中华民族的思想意识和行为规范之中，成为制约社会发展、支配人们思想行为和日常生活的强大力量。

（一）中华传统文化是中华民族的智慧结晶

中华传统文化是从有文字开始，历经了千百年岁月积淀而形成的诸如道德伦理、制度规章、民族风俗等文化成果，它既是人类的物质财富，也是精神财富，是历史继承性的文化遗产。它是一种跨越社会制度、跨越空间、跨越时代的传承性意识形态，能够在当代或未来社会的政治、经济、文学、艺术、生活等方面，对人们的思想、信仰、道德、理想、习俗和行为产生巨大的影响。

（二）中华传统文化是中华民族的精神血脉

中华民族所创造的灿烂文化是当代民族文化建设深厚的思想基础，它在中华民族历史发展的进程中已深深融入人们的生活、精神、情感世界，激发着民族的生命力、创造力和凝聚力，推动着中华文化历久弥新、不断延续发展。中华传统文化是中华民族内在的、深入的、独特的品质和精神，是中华民族得以不断继承和发扬、亘古不绝的必然选择。

（三）中华传统文化的传承和弘扬

传统文化是个相对概念，是一个民族在演进、发展过程中长期积累和发展起来的相对稳定的，与现代文化的突变性、多样性等形成对照的文化内容。大力弘扬传统文化，推动传统文化在与新时代的融合中呈现旺盛的生命力，是传承中华民族优秀传统文化和当代文化创新的必然要求，也是维护和保障中华民族文化与生活方式多样化的必然选择。传统文化不仅仅存在于过去和历史当中，随着后世的继承、弘扬、创新，传统文化也是当代宝贵的财富，是未来文化发展中不可忽视的部分。

二、传统文化的价值

中华优秀传统文化，积淀着中华民族最深沉的精神追求，代表着中华民族独特的精神标识，形成了中国人的思维方式和行为方式。习近平总书记指出："讲清楚中华优秀传统文化是中华民族的突出优势，是我们最深厚的文化软实力。"[①] 中华优秀传统文化是中华民族的精神命脉，是涵养社会主义核心价值观的重要源泉，是我们在世界文化激荡中实现中华民族伟大复兴的坚实根基。

（一）中华优秀传统文化的教育性

传统文化下的教育注重自身修养与提升，让人的思想和精神接受优秀传统文化的洗礼。传统文化中的节日、美术、文学故事、诗词歌赋、社会活动等，都是中华优秀传统文化的精髓，展现了古往今来中华人民的精神风貌。传统文化不仅能够唤起每个人心中的家国情怀，更能提高每个人的文化自信和民族自豪感。

习近平总书记曾指出："中国传统文化博大精深，学习和掌握其中的

---

① 习近平：《把宣传思想工作做得更好》，载《习近平谈治国理政》，外文出版社2014年版，第155页。

各种思想精华，对树立正确的世界观、人生观、价值观很有益处。"[1] 中华优秀传统文化的教育，在幼儿的身心健康、语言行为、审美创造、品格完善、习惯养成等方面有着积极的影响。同时，在培养幼儿爱国主义情操、树立民族精神方面也具有重大的现实意义。在今天这样一个多元化的时代，在幼儿园加强中华优秀传统文化的教育不仅是一种历史的传承，更是一种时代的责任。

（二）中华优秀传统文化的地域性

传统文化具有鲜明的民族地域性，包括民族特色和民族风格，它是维系民族生存和发展的精神纽带。由于中国疆域辽阔，在地理、气候、环境、物产等方面都存在差异，文化形态的发展千差万别，风俗、习惯、信仰也各有不同，具有鲜明的区域特征。而与之相适应的传统文化也各具特点，例如：剪纸从题材内容上，北方的剪纸具有豪放的审美风格，南方的剪纸则多纤细精致、优雅轻巧。这就使得我国的传统文化千姿百态，丰富多彩。

（三）中华优秀传统文化的普适性

中华优秀传统文化是面向、依靠和服务于人民大众的。习近平总书记指出："中华民族在长期实践中培育和形成了独特的思想理念和道德规范。"[2] 五千多年来，中华优秀传统文化中的仁、义、礼、智、信等思想道德观念深入人心，尚仁重德、知礼好学、诚信守正、宽厚孝义、扶危济困

---

[1] 习近平：《依靠学习走向未来》，载《习近平谈治国理政》，外文出版社 2014 年版，第 405 页。
[2] 中共中央宣传部编：《习近平总书记在文艺工作座谈会上的重要讲话学习读本》，学习出版社 2015 年版，第 112 页。

的情操品格，深深地滋润着广大民众，流淌在血脉里，熔铸在精神世界之中。例如：春节是中国民间一年中最隆重的传统节日，汉族地区家家清洁盛装、合家团聚、拜见尊长、吃团圆饭，贴春联、放爆竹、舞狮子、舞龙灯。正月十五元宵节是春节节日活动的终结。壮族、布依族、侗族等少数民族的节日活动也与汉族的活动大体相同，但又各具特色，既反映了广大劳动者共同的理想追求，又反映了他们共同的审美标准和审美情趣。

（四）中华优秀传统文化的综合性

传统文化体现着中华民族的世界观、人生观、价值观和审美观，为中华民族生生不息、发展壮大提供了丰厚的养料，对人类文明的发展进步产生了重要而深远的影响。传统文化中的传统节日、传统美术、传统社会生活与传统文学故事，它们之间彼此联系，结成一种互补互利的生态关系。只有在传统文化当中的整合，才能构建出纵横交错的知识网络，才能形成创造性的思维能力。同时，传统文化的整合过程，使个人情感与人类情感源泉接通，使个人经验与整个人类的丰富经验接通，使个人的行动、思想、独创能力和认识能力充分地联系，进而生成自我与他人乃至与周围环境交流的能力。

三、传统文化的文化功能

（一）传统文化的文化源起

对于"文化"一词，《现代汉语词典》的解释是："人类在社会历史发展过程中所创造的物质财富和精神财富的总和，特指精神财富，如文学、艺术、教育、科学等。"《不列颠百科全书》对"文化"的解释是："人类知识、信仰和行为的整体。在这一定义上，文化包括语言、思想、信仰、风俗习惯、禁忌、法规、制度、工具、技术、艺术品、礼仪、仪式及其他有关成分。"

文化的内涵十分丰富，许多学者都尝试过从不同的角度对之加以分类。尹少淳先生在其著作《尹少淳谈美术教育》一书中提到，文化是以价值观为核心的一定群体的生活方式，文化是"人化"，文化也"化人"。文化与自然是一个相对的概念，人类在社会实践中对自然进行改造，自然的一部分成为人类理想、价值和意志对象化的产物。而且，人也在与自然的互动中，有意和无意地形成了不同的生活方式，这些不同的生活方式，包括不同的价值观、宗教信仰、哲学思想、艺术文学、生活习俗（礼仪、衣食住行、婚丧嫁娶等）、思维和行为方式、社会的制度和组织方式等。所谓"人化"，是人将自己的情感、意志投射到自然中，对其加以改造，形成可观的并带有显著的人类痕迹的文化，利用一些直接的自然物质材料和人工材料营造环境和制作器物，形成人的可居可用的物质文化环境，如人类的城市、乡村、建筑、工具、衣物等，与特定的自然空间和地域相互作用形成的哲学、宗教、艺术、制度以及衣食住行、婚丧嫁娶等生活习俗。所以，文化是以价值观、世界观和审美观为核心，以思维方式为内在特征，以行为方式为外显特征的人类的生存方式。

（二）传统文化的精神载体

2017年1月25日，中共中央办公厅、国务院办公厅印发了《关于实施中华优秀传统文化传承发展工程的意见》，将传承发展中华优秀传统文化作为文化强国的重大战略任务。而传承优秀传统文化，一个重要的方面就是要将中华优秀传统文化的内涵更好、更多地融入生产生活的各个方面。建立在农耕文明基础上的中华优秀传统文化，与我们所生活的这个快速发展的时代有着迥然不同的环境。要让传统文化有机融入当下的生产生活之中，就需要借助现在人们喜闻乐见的方式和载体，使中华民族最基本的文化基因与当代文化相适应、与现代社会相协调，这样才能使中华传统美德、中华人文精神植根于现代人的内心，并进而得到传承与弘扬。

在现实社会中，传统文化已渗透到了生活的方方面面。在传统节日这一题材中，人们以春节、元宵节、清明节、端午节、中秋节、重阳节等节日习俗为载体，将爱国爱家、孝老爱亲、勤俭节约、互帮友爱等传统文化融入其中，让人们在欢度节日的同时，也能够牢记传统文化、传承传统文化；在传统美术这一题材中，例如水墨、书法、扎染、剪纸、皮影等都有许多隐喻和寓意吉祥幸福的艺术造型，肩负着驱灾除疫、祈福迎祥等文化功能，体现了我国劳动人民对美好生活的热烈憧憬和真挚追求，同时也显现出艺术家纯真的审美情趣和高超的创造才能；在传统社会生活这一题材中，民族服饰、中华美食、体育游戏、民俗活动、名胜旅游等内容塑造着地域内居民的文化性格，制约着民众的生活习尚，构成了丰富多彩的人类文化，体现着乡土情感的内涵；在传统文学故事这一类题材中，体现中华优秀传统文化的文学、历史、哲学、天文地理、艺术等内容，例如动画片《大闹天宫》，寓言故事《狐假虎威》，唐诗《咏鹅》等，寓教于乐、悦心益智，具有审美功能、娱乐功能、认知功能、教育功能，有着丰富的审美内涵和艺术价值。

不同文化的人和群体所显示的差异，其实正是通过不同的行为方式显示出的价值取向、对世界的看法、对美的认识、思维方式的差异。人们在长期生活中将中华优秀传统文化渗透其中，从而使其都散发出各具特色的传统文化魅力。古人用超凡的智慧将传统文化发扬光大的同时，也给我们后人留下了深刻的启迪。

(三)传统文化的民族情怀

中华优秀传统文化是一个民族对真善美理想追求的结晶,是民族精神的载体,是民族智慧的集中体现,也是孕育爱国情怀的最好的种子,是培育爱国情感的摇篮。人们在传统文化中了解了本民族及其他民族的风俗习惯、信仰、礼仪、制度、经验、技艺、生产活动等情况,懂得尊重地方民族文化传统,学会感受各民族艺术的风格和丰富的文化内涵,增强对民族文化的了解和热爱。

传统文化能够在更广阔的文化背景下把握历史发展的脉络和民族的精神结构。我们要立足于东方本土文化,以表现本民族深层文化心理结构、弘扬传统文化中的精粹为己任,同时又要有勇气大胆吸收外来艺术优秀的成分。通过丰富多彩的传统节日、传统美术、传统社会活动、传统文学故事等老百姓喜闻乐见的方式进行传承,并在深层结构内唤起大众对本民族文化的自信,对祖国、民族、家乡的热爱。

第二节 传统文化与幼儿美术教育的关系

中华传统文化是我国的文化瑰宝,是我国悠久历史的积淀,更是中国人民智慧的结晶。传统文化中蕴含着丰富的教育资源,汲取这种文化资源对幼儿的终身发展有着奠基的作用。幼儿教育是我国教育最初始的阶段,是幼儿进行传统文化教育的启蒙,对幼儿今后学习品质和行为习惯的养成有着不可替代的作用。因此,在幼儿教育中,对幼儿进行中华优秀传统文化教育具有重要意义。

幼儿美术教育可以汲取传统文化中的内容、题材、形式,获得精神积淀,提高审美情趣。同时,美术教育具有陶冶幼儿情操、培养幼儿审美素养的重要作用,通过对传统文化的研究和梳理,在开展幼儿美术教育活动时,不断融合传统文化,使幼儿体验情感、获得能力、提升知识和技能的同时,助力教师完成以美育人的目标,达成弘扬中华优秀传统文化的教育主旨。

一、美术教育是传统文化继承的途径

美术教育是文化的载体,传统文化借助美术教育的形式开展文化教育活动。在美术教育的实践中,具有诸多可供幼儿美术教育借鉴的传统文化内容。通过美术教育活动将绘画、手工、欣赏纳入教学实践中,使幼儿美术教育活动的过程直观地显现传统文化的内容,达成综合、多元化的视觉

效果，在传承传统文化中彰显美术教育的文化功能。立足于传统文化，通过美术教育的途径，使幼儿在美术教育活动中了解美术的工具、材料、知识、技能的同时，感受传统文化，提高审美品位和审美能力，使传统文化浸润幼儿的心灵，完成在美术教育活动中的应用。

二、传统文化是幼儿美术教育的重要内容

传统文化的内容渗透在人们生活的各个方面，其中，传统节日、传统美术、传统社会生活和传统文学故事等内容都能应用到幼儿美术教育活动中，有助于提升幼儿及教师的审美情趣、审美能力和美术素养。在落实《幼儿园教育指导纲要（试行）》《3—6岁儿童学习与发展指南》的精神和倡导弘扬传统文化的背景下，通过美术教育，让幼儿在启蒙阶段开始接触传统文化，不仅可以使他们了解传统文化、感受和体验传统文化的形式和内容，运用绘画、手工等手段表达他们对文化的理解和认识，而且在体验文化的同时，也能够拓宽幼儿的眼界，提高幼儿感受美、发现美、欣赏美和表达美的能力。通过教师的引导、鼓励、支持，把适宜的传统文化内容融入幼儿美术教育活动中，深入挖掘美术教育的内涵，有效地渗透到园所环境创设以及一日的学习、娱乐活动等各个环节，使幼儿浸润在美的传统文化氛围中，为幼儿全面而富有个性的发展提供有利的条件。

第三节　传统文化在幼儿美术教育活动中的价值取向

现代美术教育的一个重要趋势,就是追求最大限度地实现美术教育所包含的价值,而最大限度地实现价值的前提则是全面地认识其所具有的价值。

传统文化中幼儿美术教育的价值取向可以通过美术学科的取向、儿童发展的取向以及美术学科和儿童发展相统一的取向等方面来实现。教师明确传统文化中幼儿美术教育的价值取向,方能彰显教育的人本性与可持续性。

一、传统文化中的幼儿美术教育活动的学科取向

传统文化中的幼儿美术教育活动的学科取向,即教师主要依据美术学科的知识与技能来进行的幼儿园传统文化美术教育活动设计。学科取向有助于幼儿能系统地获得美术知识与技能,便于教师操作和评价,目标比较学科化,较为关注美术学科本身的系统,强调美术知识和技能的传授、幼儿美术学习的结果。

美术教育的学科取向是从美术的本位出发,以教育为手段,发展和延续美术文化,即借助一定的教学方式和手段,横向和纵向传播美术知识和技能,促进美术文化的发展。

二、传统文化中的幼儿美术教育活动的儿童取向

传统文化中幼儿美术教育活动的儿童取向，即教师主要依据幼儿的生活、经验、需要、兴趣、发展等特点进行活动设计。儿童取向要充分考虑到幼儿身心发展的需求以及幼儿审美能力的发展特点，以儿童的需要和行为为导向，调动幼儿的主体性，以便幼儿自由选取、自主活动。借助美术形式或工具材料，以绘画、手工制作、工艺品、综合材料作品来实现传统文化中的题材和内容。通过传统文化提升并拓展幼儿的生活经验，以促进幼儿身心整体和谐发展。

三、传统文化中的幼儿美术教育活动的混合取向

传统文化中幼儿美术教育活动的混合取向就是教师既要考虑美术学科的知识与技能，又要关注幼儿的兴趣、生活、经验、需要、发展特点等因素。为了促进幼儿美术能力和人文素养的整合发展，教师应坚持以儿童为本，以美术为媒介，由教师和幼儿在活动过程中共同建构教育的目标、内容、步骤，由易到难，由浅入深，发展幼儿审美、认知、情感、意志品质、创造性等多种能力，促进儿童健全人格的形成。

第二章

传统文化中幼儿美术教育的
目标、内容、活动组织形式

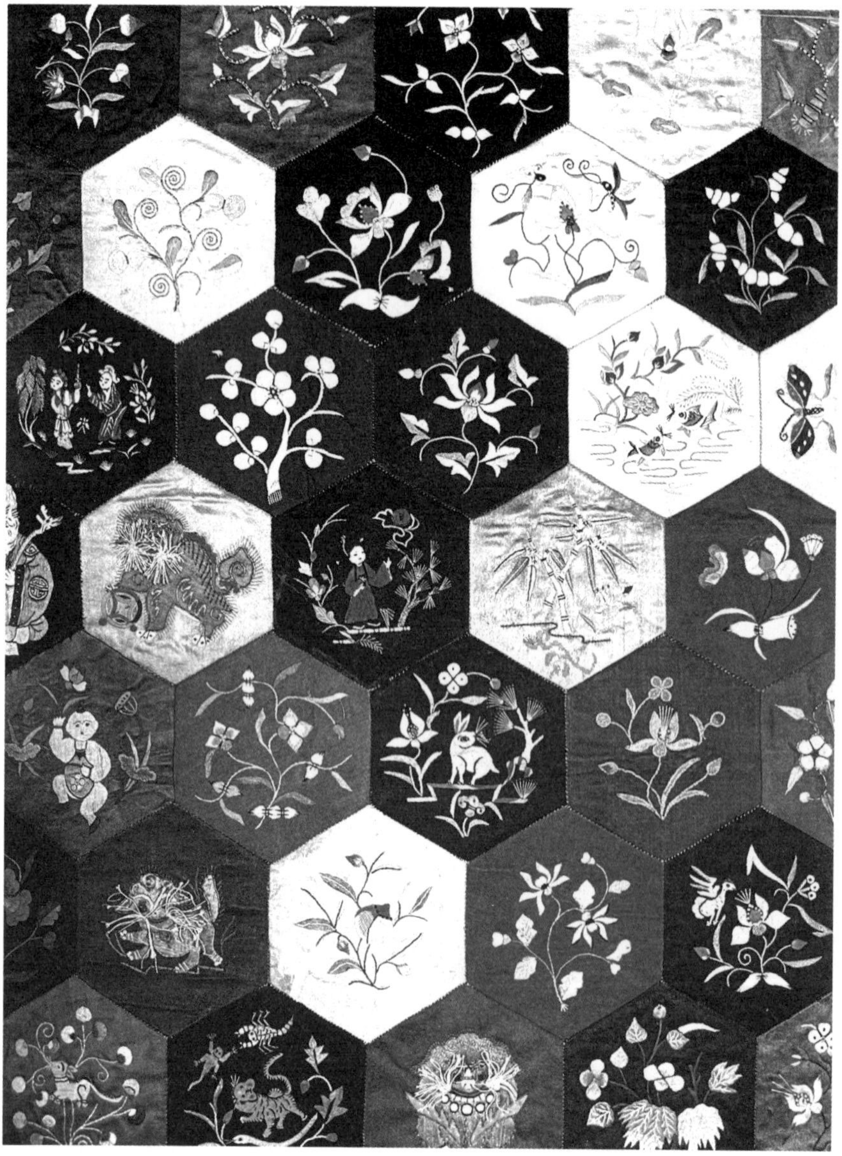

第一节 传统文化中幼儿美术教育的目标

《幼儿园教育指导纲要（试行）》在第一部分"总则"中明确指出："幼儿园教育是基础教育的重要组成部分，是我国学校教育和终身教育的奠基阶段。城乡各类幼儿园都应从实际出发，因地制宜地实施素质教育，为幼儿一生的发展打好基础。"

幼儿美术教育是在与传统文化的交融中，"萌发幼儿爱祖国、爱家乡、爱集体、爱劳动、爱科学的情感，培养诚实、自信、友爱、勇敢、勤学、好问、爱护公物、克服困难、讲礼貌、守纪律等良好的品德行为和习惯，以及活泼开朗的性格"[《幼儿园工作规程》(2016版)]，实施德、智、体、美等方面全面发展和个性化成长的教育，培养幼儿感受美、表现美、创造美的情趣和能力，促进幼儿身心和谐发展。

幼儿园美术教育目标的制定，需要依据幼儿的年龄特点和美术的性质及社会的需求。传统文化、社会、儿童、艺术是幼儿园美术教育的基础。

一、传统文化中的幼儿美术教育的总目标

1. 接触中华优秀传统文化的内容，感受中华优秀传统文化的丰富和美好，形成初步的民族意识和民族情感。

2. 挖掘传统文化中不同形式、不同风格的题材和内容，增强对大自然、社会、文化、生活的感受和体验，提高审美情趣和表达美的能力。

3. 能用自己喜欢的方式进行多样的美术表现活动，尝试运用不同的美术形式和技能，创造性地表达自己的情感经验和想象。

4. 喜欢传统文化活动，体验自由表达和创造的快乐。激发感受美、发现美、表现美、创造美的愉悦。

二、传统文化中幼儿美术教育的分类目标

（一）传统节日教育目标

1. 能初步了解春节、清明节、端午节、中秋节等中国传统节日的起源、习俗和活动，萌发初步的民族意识和民族情感。

2. 积极参加春节、清明节、端午节、中秋节等传统节日活动，通过活动感受传统节日主题内容的造型美、形式美、意境美。

3. 尝试用自己喜欢的方式，大胆地表现传统节日中的形象、色彩，体验创造与表现的快乐。

（二）传统美术教育目标

1. 喜欢传统美术，初步欣赏传统美术作品的形式美、造型美，感受传统美术的种类、形式、风格和特点。

2. 尝试运用各种传统美术工具和材料大胆地表现自己的情感、经验和想象，领会表现与创造的快乐。

（三）传统社会生活教育目标

1. 能初步了解传统服饰、中华美食、体育游戏、名胜古迹、民俗活动等内容，感受中华民族文化特征的丰富与美好。

2. 积极参加社会生活活动，通过各种丰富多彩的活动感受生活美、

自然美。

3.尝试用美术的方式，创造性地表现社会生活中的不同文化主题，体验表现与创造的快乐。

（四）传统文学故事教育目标

1.借助优秀的文学作品、民间传说、神话故事等，感受传统文学的丰富和优美。

2.与同伴交谈，能大胆、清楚地用语言表达自己对文学作品的理解，感受语言美。

3.能运用美术的方式表现和创造文学作品中的内容，体验创造的乐趣。

三、传统文化中幼儿美术教育的年龄阶段目标

（一）传统节日教育年龄阶段目标

小班

1.体验传统节日带给人们的快乐，乐意参与集体活动。

2.了解传统的节日美食（如饺子、汤圆、年糕、青团、粽子、月饼等）。

3.了解节日的习俗（如放鞭炮、扫墓、划龙舟、赏月等）。

4.能用简单的祝福语表达自己的感受。

中班

1.感受传统节日的气氛，体验节日的快乐。

2.知道传统节日的来历和习俗。

3.知道并能说出一些常用的节日祝福语。

4.能亲自动手制作节日的装饰品。

大班

1.乐意参加丰富多彩的传统节日活动，能用连贯完整的语言讲述节日活动中的所见所闻。

2.了解节日的习俗（如拜年、走亲戚、舞狮舞龙等）。

3.能对周围的人大方地表达自己的节日祝福。

4.愉快地和同伴开展有关节日的合作游戏。

（二）传统美术教育年龄阶段目标

小班

1.喜欢与自己生活经验相关、形象突出、色彩鲜明的传统美术作品，能用语言、表情、动作表达自己的情感。

2.对传统美术活动有兴趣，能愉快地参加传统绘画、剪纸、印染、面塑等活动。

3.认识几种简单的传统美术工具和材料，初步掌握这些工具、材料的使用方法，初步养成良好的活动习惯。

中班

1.对传统美术作品以及生活用品、节日装饰、环境布置中渗透的传统美术要素较敏感，能用语言、动作等表达自己的感受和理解。

2.学习使用多种传统绘画工具进行水墨画、版画、印画和装饰性绘画活动，创造性地表现简单的情节。

3.学习正确使用多种传统手工工具和材料进行剪纸、面塑、泥塑、扎染等传统手工活动，养成良好的手工活动习惯。

4.喜欢参加传统美术活动，乐于用自己的作品美化班级环境。

大班

1. 喜欢寻找、发现、欣赏传统绘画、工艺、雕塑、建筑的美，能根据自己的经验和想象加以解释，并用语言、动作、绘画等多种形式表达自己的感受和理解。

2. 初步了解传统用色习惯，能较熟练、大胆地运用多种传统绘画工具和材料进行创作活动，表现一定的主题。

3. 主动探索、学习传统手工技能，能较熟练地使用多种传统手工工具和材料进行剪纸、撕纸、泥塑、编织等传统手工活动。

4. 积极参与传统美术活动，尝试综合运用多种传统美术表现形式创造性地表现自己的感受和想象，体验创作和表现的快乐。

（三）传统社会生活教育年龄阶段目标

小班

1. 能初步了解民俗活动、传统游戏、衣冠服饰、中华美食、名胜古迹等社会生活的内容，感受中华民族文化特征的丰富与美好。

2. 积极参加社会生活活动，通过涂涂画画、粘粘贴贴，感受生活美、自然美。

3. 尝试用美术的方式，创造性地表现社会生活中的不同文化主题，通过画线、调色、撕纸、和泥等进行自我表现，体验创造与表现的快乐。

中班

1. 能初步了解民俗活动、传统游戏、衣冠服饰等社会生活的内容，从中获得美的感受并表达自己的感受与想象。

2. 积极参加社会活动，能够用专业材料、自然物或废旧品进行大胆创作，自由选择并制作自己感兴趣的内容。

3. 初步尝试运用绘画、手工等方式，表达社会生活中不同的文化主题，体验想象和创造的快乐。

大班

1. 感知和欣赏民俗活动、传统游戏、衣冠服饰等社会生活的内容，从社会活动中获得美的感受。

2. 能主动参与社会活动，用绘画、手工、泥塑等来表现社会生活中的不同文化主题内容，体验创造与表现的乐趣。

3. 尝试自主表现社会活动中的内容，选择、运用专门的美术材料、自然物、废旧品进行修改、添加、组合、设计和制作，充分体验创作与合作的快乐。

（四）传统文学故事教育年龄阶段目标

小班

1. 喜欢听儿歌、儿童诗、寓言故事、儿童故事等，初步感受传统文学形式、内容所特有的美感。

2. 愿意参加传统文学活动，对传统文学作品的语言感兴趣，尝试用绘画、泥塑或其他艺术形式表达自己对传统文学作品的理解。

3. 初步理解传统文学作品的主要内容，能用简单的线条和色彩画出文学作品中的形象。

中班

1. 喜欢学习、欣赏不同体裁的传统文学作品，能积极主动地参加文学活动，感受传统文学作品语言的丰富和优美。

2. 初步理解传统文学作品中的人物形象，初步感受作品的情感和意境，尝试运用绘画、手工制作等多种形式表达对作品的理解和感受。

3. 根据传统文学故事中的内容，能够通过绘画、手工等形式来表现自己观察或想象的故事场景。

大班

1. 对传统文学有较浓厚的兴趣，乐于欣赏、学习不同体裁、不同风格的传统文学作品，积极感受、积累传统文学语言，并尝试在适当场合运用。

2. 初步感知传统文学作品语言和结构的艺术表现特点，能用多种工具、材料来表达自己的感受和想象。

3. 大胆、清楚地表达自己对传统文学作品的理解与感受，能用自己创作的美术作品布置环境、美化生活。

第二节 传统文化中幼儿美术教育的内容

中华传统文化博大精深,内容丰富、题材形式多样。依据《幼儿园工作规程》《幼儿园教育指导纲要(试行)》和《3—6岁儿童学习与发展指南》的精神,遵循幼儿的年龄特点和发展规律,综合国家对未来公民发展的要求和教师的专业素养以及专业发展的特点,以继承和弘扬中华优秀传统文化为主线,挖掘、筛选、整理传统文化中经典的、优秀的、健康的、适宜幼儿美术教育的发展内容。

一、传统文化中适宜幼儿发展的幼儿美术教育内容的选择

(一)与幼儿生活紧密联系的内容

传统文化中的幼儿美术教育要贴近幼儿生活、反映幼儿生活,要与幼儿的生活、游戏紧密地联系在一起。传统文化中的幼儿美术教育的内容应从幼儿的生活经验出发,将生活中积极的、健康的、有趣味的、有意义的内容作为教育活动的选择方向。例如:放鞭炮、放风筝、打月饼、包粽子、逛庙会等,旨在帮助幼儿在教育活动中进一步丰富和拓展生活经验,使他们在感受文化中获得知识和能力。

(二)符合幼儿兴趣,能调动幼儿积极参与的内容

兴趣是最好的老师,是幼儿学习的一种内在驱动力。传统文化中的幼

儿美术教育内容应关注幼儿的兴趣点,通过教师的引导、支持和鼓励,使幼儿的兴趣能够持久,参与到传统文化的内容当中。幼儿结合自己的需要自主选择传统文化中感兴趣的内容,例如传统美术中的剪纸、脸谱、扎染等,从而调动与激励幼儿不断参与和学习的兴趣,形成乐观、积极的心态和良好的学习品质。

(三)经典的、有代表性的内容

传统文化在幼儿启蒙阶段起着重要的作用。启蒙阶段选择的传统文化的内容应是经典的、独特的和具有代表性的。幼儿在体验传统文化的过程中,是一种愉悦的情感流露。从幼儿发展的整体性和可持续性出发,遵循参与、愉悦、融合的原则,把传统文化巧妙地融合在一起,例如传统美术中的水墨画、传统故事《小蝌蚪找妈妈》、神话故事《大闹天宫》、传统游戏七巧板等,都给幼儿以真的启迪、善的熏陶、美的享受,从而达到以文化人、以美培元的教育目的。

(四)具有一定挑战性,有利于发展幼儿经验和视野的内容

传统文化中的皮影戏、面塑、古代建筑、民族服饰等一些内容,能使幼儿在感受和体验中扩大视野、获得成就感。幼儿从社会、文化、日常资源中获得的信息和知识由视觉体验变成行为、情感、思想的综合体验。对传统文化中的精神内涵进行解读,有利于幼儿在积极向上的人文环境中全面发展、快乐成长。

(五)利于幼儿操作,方便能获取关键经验的内容

《幼儿园教育指导纲要(试行)》指出:"教育活动内容的组织应充分考虑幼儿的学习特点和认识规律,各领域的内容要有机联系,相互渗透,注

重综合性、趣味性、活动性，寓教育于生活、游戏之中。"在设计传统文化幼儿美术教育活动时，要认真分析是否有可供幼儿操作的内容，便于幼儿的探索性学习。传统文化中有一些幼儿可直接操作的教育内容，例如传统文化中的水墨游戏、撕纸游戏、体育游戏、益智游戏等，让幼儿在"做中学""玩中学"，方便幼儿在操作中获取关键经验，让幼儿在与人、环境、情境的相互作用中主动、有效地学习。

二、传统文化中适宜的幼儿美术教育的具体内容结构

《幼儿园教育指导纲要（试行）》中明确指出："充分利用社会资源，引导幼儿实际感受祖国文化的丰富与优秀，感受家乡的变化和发展，激发幼儿爱家乡、爱祖国的情感。"传统文化中的许多内容诸如鞭炮、饺子、剪纸、香包、粽子、龙舟、扎染、水墨画、脸谱、风筝等，都能应用在幼儿美术教学活动中。充分发挥传统文化的优势，开展丰富多彩的美术教育活动，解放幼儿的手和脑，使其在想象的世界里遨游，不仅有利于提升幼儿的美术素养，更有利于促使幼儿感悟中华优秀传统文化的独特魅力，培养幼儿的爱国精神。

（一）传统节日的主要内容

中国的传统节日主要有春节（农历正月初一）、元宵节（农历正月十五）、清明节（公历4月5日前后）、端午节（农历五月初五）、中秋节（农历八月十五）、重阳节（农历九月初九）。

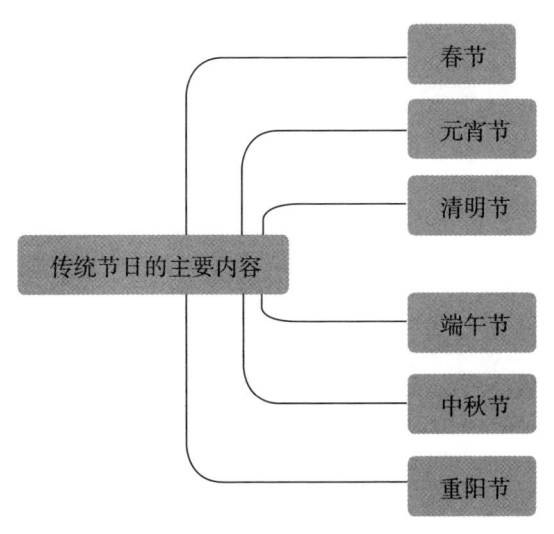

```
                    ┌─── 春节
                    ├─── 元宵节
                    ├─── 清明节
传统节日的主要内容 ──┤
                    ├─── 端午节
                    ├─── 中秋节
                    └─── 重阳节
```

传统节日的主要内容示意图

（二）传统美术的主要内容

传统美术的主要内容有：绘画（水墨画、水彩画、水粉画、综合材料绘画）、手工（皮影、布制品、编结、剪纸、刺绣、印染花布、泥工、玩具）和综合（风筝、版画）。

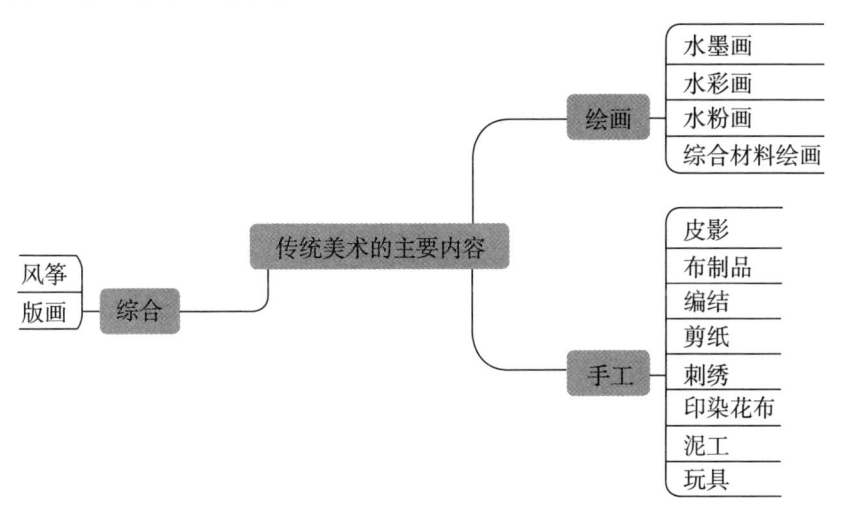

```
                              ┌─── 水墨画
                              ├─── 水彩画
                       ┌─绘画─┤
                       │      ├─── 水粉画
                       │      └─── 综合材料绘画
                       │
                       │      ┌─── 皮影
                       │      ├─── 布制品
                       │      ├─── 编结
传统美术的主要内容 ────┤      ├─── 剪纸
                       ├─手工─┤
                       │      ├─── 刺绣
                       │      ├─── 印染花布
                       │      ├─── 泥工
                       │      └─── 玩具
                       │
                       │      ┌─── 风筝
                       └─综合─┤
                              └─── 版画
```

传统美术的主要内容示意图

（三）传统社会生活的主要内容

传统社会生活的主要内容有：民俗活动、传统游戏、衣冠服饰、中华美食、名胜古迹等。

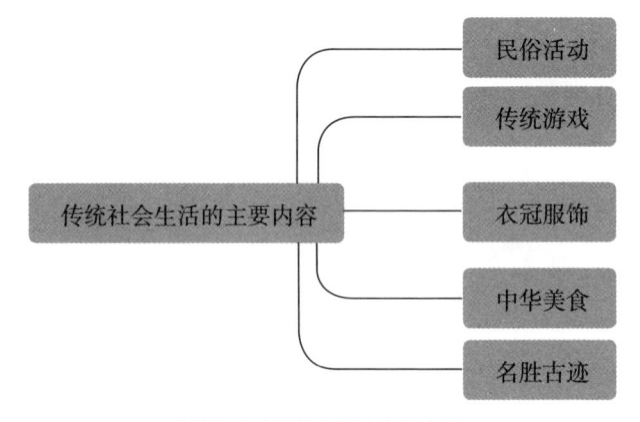

传统社会生活的主要内容示意图

（四）传统文学故事的主要内容

传统文学故事的主要内容有：儿歌、儿童诗、寓言故事、儿童故事、儿童小说、童话、谜语、图画书、儿童戏剧文学、科学文艺、儿童散文和儿童报告文学。

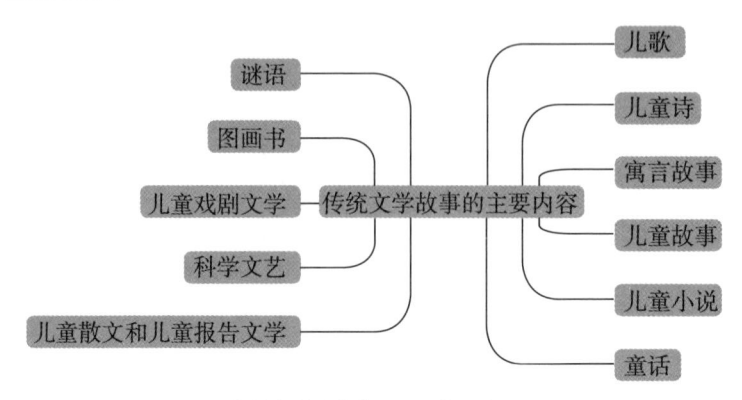

传统文学故事的主要内容示意图

第三节　传统文化中幼儿美术教育的活动组织形式

幼儿园的教育是在幼儿的一日活动中通过具体的教育活动来组织与实施的。幼儿园的教育活动是教师以多种形式，有目的、有计划地引导幼儿生动、活泼、主动地参与活动的教育过程，是向幼儿进行素质教育、促进幼儿全面发展的主渠道。在传统文化中的幼儿美术教育中，幼儿园组织的各种教育活动是将幼儿美术的教育目标具体落实，促进每一位幼儿发展的最重要、最有效的途径。

传统文化中的幼儿美术教育活动按照活动的组织形式主要分为两类，即专门性幼儿美术教育活动与渗透性幼儿美术教育活动。

一、专门性幼儿美术教育活动

专门性幼儿美术教育活动是教师按计划专门组织的、集中的、班级或小组的各种类型的幼儿美术教育活动，它是实施传统文化教育最主要的活动形式。我们所研究的专门性幼儿美术教育活动主要包括传统节日活动、传统美术活动、传统社会生活活动和传统文学故事活动。

二、渗透性幼儿美术教育活动

渗透性幼儿美术教育活动是将传统文化的内容通过环境创设活动、游戏活动、主题活动和一日生活活动渗透在幼儿园各类活动中的活动组织形式，体现"生活皆教育"的主旨，使传统文化能更好地浸润到幼儿的情感、言行、习惯和思维中。

第三章

传统文化中幼儿美术教育
活动实践

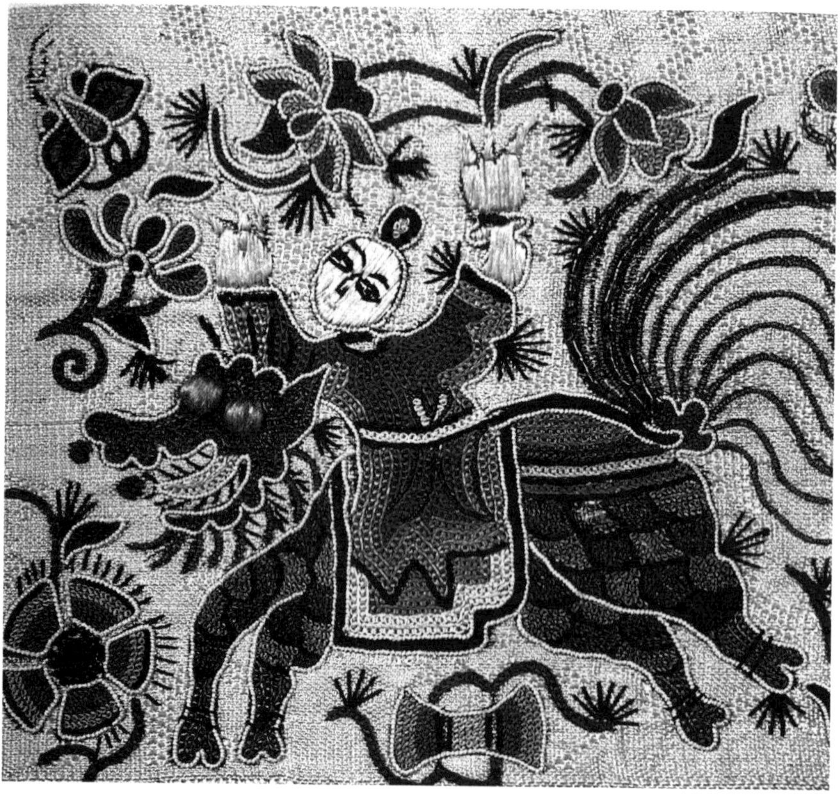

传统文化中的幼儿美术教育，包含美术欣赏活动、绘画活动和手工活动三种主要形式，主要是幼儿运用自己的手、眼、脑，以自己喜欢的方式对自然中的事物、生活中的人和事进行感知、想象和动手操作，达成对外界事物从思维想象到表现创造的过程，从而提高幼儿的视觉思维能力、视觉创造能力和操作表现能力。

《幼儿园教育指导纲要（试行）》中指出："幼儿园的教育活动，是教师以多种形式有目的、有计划地引导幼儿生动、活泼、主动活动的教育过程。"在实施美术教育的过程中，教师对幼儿的具体活动展开指导，通过对传统节日、传统美术、传统社会生活、传统文学故事中的美好景物、人物、事物、民俗活动、建筑、民间美术等内容的多样化表达，使幼儿能够感受传统文化的内容和形式美，从而丰富审美经验，提高审美情趣和审美能力。

第一节 传统文化中的节日

一、传统节日的文化内涵

在中国几千年的历史发展过程中，中华民族塑造了自身特有的文化，其中，传统节日在民族文化中具有重要地位。作为中国人特有的民族记忆，传统节日富含深厚的民族情感，是全体中华儿女共同追求的信念。

中国传统节日是源自人们生活中的共同需要，以传统礼仪、仪式、游艺等为重要内容，在特定时空关系中利用相应的物质载体表达人们思想、信仰、道德、理想等的群体活动的日子。同时，这些表达多是以人们乐见的风俗和艺术的方式来进行的。传统节日呈现的形态，构成了其周期性、民族性、群众性、地域性及综合性民俗文化事项的基本特征。

把传统的民族节日确定为国家法定假日，对于整个国家的社会生活和广大民众的生活方式来说意义非凡。社会和民众有了共同的生活节点，人们通过历史的记忆和现实具有丰富内涵的节日形式呈现，加强自身对于文化、社会、国家的认同。这对于全民正确认识传统节日宝贵的文化价值、积极参与节日活动、努力保护节日文化传统、注重节日文化资源的运用与创新等方面，都具有深远影响。

我国的传统节日主要有春节（农历正月初一）、元宵节（农历正月十五）、清明节（公历4月5日前后）、端午节（农历五月初五）、中秋节

（农历八月十五）、重阳节（农历九月初九）等。对幼儿进行传统节日的熏陶，既能使幼儿在节日中增长知识、受到教育，又有助于彰显文化、发扬美德、陶冶情操、弘扬传统性。

《3—6岁儿童学习与发展指南》中强调，"要利用民间游戏、传统节日等，适当向幼儿介绍我国主要民族和世界其他国家和民族的文化，帮助幼儿感知文化的多样性和差异性"，这就要求我们从幼儿的生理和心理特点以及兴趣出发，判断各类节日的教育价值，最后综合考虑幼儿园开展节日活动的实际条件与现实需求，筛选出最有代表性、最具教育价值，且具有可操作性的活动节日，提炼或设计出活动方案。

二、传统文化节日中幼儿园教育活动方案

在幼儿园开展传统文化节日活动，既能让幼儿在喜庆欢快的活动中体验春节、元宵节、清明节、端午节和中秋节的趣味性，又能增进幼儿对民俗习惯、传统文化的理解，有益于形成健康积极的生活态度。

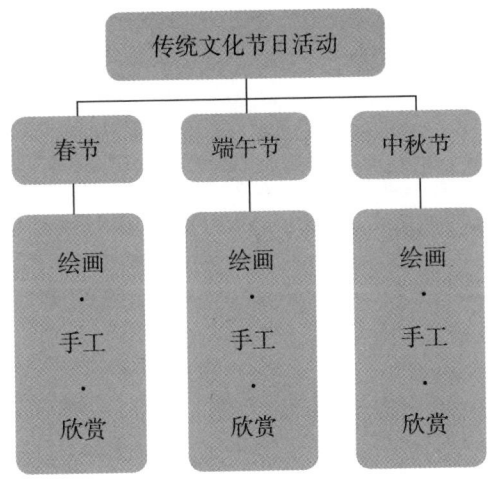

传统文化节日活动结构图

（一）春节

"爆竹一声除旧，桃符万户更新。"在冬去春来、新旧交替的时节，人们迎来最隆重、最富有民族特色的传统佳节——春节。在民间，过春节俗称"过年"或"过大年"。

春节，是农历新年，指农历正月初一。春节在中国古代又被称为"元旦""正日""元日""岁首""新正""新年""三元"。

春节的礼仪习俗是通过丰富多彩的年节习俗表达人们追求平安吉祥、祈盼和谐幸福生活的美好愿望。人们燃放鞭炮，用新桃换旧符，写春联、贴福字、剪窗花、贴年画、穿新衣、戴新帽、饮春酒……伴随着红红火火、热热闹闹的庆贺新年的民俗活动，人们在新年的祝福中迎接新春佳节的到来。

春节作为中华民族最具影响力、最隆重的传统节日，历经两千多年的文化积淀，创造了一系列内涵丰富、形式多样的礼仪习俗。异彩纷呈的春节习俗，是一种包括祭祀、礼仪、装饰、饮食、游艺、娱乐等活动的综合性的民俗文化，是中华民族的伦理观念、思想情感、审美意识、饮食文化的集中展现。

春节期间，在互相拜年祝福的同时，人们通常也要参加游艺娱乐活动。遍布全国城镇乡村的各种各样的游艺娱乐活动，如舞狮子、耍龙灯、踩高跷、跑旱船、扭秧歌、逛庙会、观社火、打秋千、武术、杂技等，构成异彩纷呈的民俗文化百花园，为新春佳节增添了浓郁的欢乐和喜庆气氛。

（选自王文章主编《中国传统节日》，中央编译出版社2010年版）

活动方案一：画鞭炮（小班绘画）

活动背景：

鞭炮至今已有2000多年的历史。在没有火药和纸张时，古代人便用火烧竹子，使之爆裂发声，以驱逐瘟神。

我国人民春节放鞭炮的习俗历史悠久。鞭炮按种类可分为：喷花类、旋转类、升空类、旋转升空类、吐珠类、线香类、烟雾类、造型玩具类、摩擦类、小礼花类、礼花弹类、架子烟花、组合烟花、爆竹类。按鞭炮的响数可分为小型和大型，小型有100响、200响、300响、500响、1000响，大型有2000响、3000响、5000响、10000响、20000响。

《幼儿园教育指导纲要（试行）》明确指出，教师要引导幼儿接触周围环境和生活中美好的人、事、物，丰富他们的感性经验和审美情趣，指导幼儿利用身边的物品或废旧材料制作玩具、手工艺品等来美化自己的生活或开展其他活动。这就要求幼儿美术教育要走进幼儿的生活世界。幼儿的认知水平、知识经验相对比较缺乏，教师可选择一些幼儿熟悉的、感兴趣的生活化主题开展活动。本次教学活动中的鞭炮正是幼儿所熟悉的，通过讲解分析，让幼儿学会观察对象的主要特征。

活动目标：

1. 初步尝试用长短、方向不一的直线表现鞭炮。
2. 大胆地进行绘画，体验过年的快乐和喜庆的气氛。
3. 体验创作的快乐和满足感。

活动准备：

1. 经验准备：幼儿在参与活动前，已经有过观看鞭炮的经历。

2. 物质准备：

（1）教师材料：录有鞭炮声的音频、鞭炮实物。

（2）幼儿材料：各色油画棒、白色图画纸。

活动过程：

1. 情境导入，教师播放鞭炮音频，引发幼儿兴趣。

2. 教师出示实物鞭炮，引导幼儿认真观察鞭炮的特征。

3. 探索表现方法，请幼儿尝试用油画棒画出不同方向、长短不一的线条来表现鞭炮。

4. 幼儿创作时，教师鼓励幼儿大胆作画，教师巡回观察、指导幼儿自由作画。

活动评价：

1. 说说自己选了哪些漂亮的颜色。

2. 将幼儿作品布置在班级作品栏。

活动延伸：

将不同材料及工具投放到美工区，供幼儿进行各种活动。

教学活动建议：

教师要充分引导幼儿观察鞭炮，为绘画做准备。提示幼儿在画线时可以随意些，线条可以长短不一。

活动作品展示：

幼儿油画棒作品《鞭炮》

> **教育资源小贴士**
>
> ### 1. 年的传说
>
> 相传远古时候，有一种凶猛异常、张着血盆大口的怪兽，名叫"年"。每到腊月三十的晚上，怪兽"年"就挨家挨户地掠食人畜。人们无奈，只得备好肉食放在门外，然后紧闭大门躲在家里守岁。正月初一早晨，大家开门相见，便作揖道喜，相互庆贺夜里平安无事，躲过了劫难。于是，拜年就相沿成习、代代相传。
>
> （选自王文章主编《中国传统节日》，中央编译出版社2010年版）
>
> ### 2. 技法材料
>
> 油画棒，也称油彩笔，它具有使用方便、质地细腻、色彩浓艳、画面效果好等优点，是儿童常用的美术用品。但油画棒原料含有一定量的可溶性重金属元素，如铅、钡、锑、镉、汞以及砷等，不知不觉地摄入这些重金属元素，会对人体产生一定程度的危害。因此，消费者购买油画棒时，应注意其包装上的标志是否齐全，有

> 无产品名称、厂家厂址、安全标志（目前有"CE""AP"两种）等，并看清油画棒有无警示语、适用年龄段等标注。同时，儿童使用油画棒时，要督促其养成良好的卫生习惯，在使用后应及时将手洗干净，以免在吃东西时将重金属元素摄入体内，危害健康。
>
> （选自奚传绩主编《美术教育词典》，人民教育出版社2009年版）

活动方案二：包饺子（小班手工）

活动背景：

　　饺子，原名"娇耳"，是汉族传统面食的一种，距今已有一千八百多年的历史了。我国东汉时期医圣张仲景首先发明并作为药用。饺子是深受中国人民喜爱的传统特色食品，又称水饺，是中国北方民间的主食和地方小吃，多用面皮包馅水煮而成。饺子也是年节食品，有一句民谣叫"大寒小寒，吃饺子过年"。年夜饭有吃饺子的传统，但各地吃饺子的习俗亦不相同，有的地方除夕夜吃饺子，有的地方大年初一吃饺子。吃饺子是表达人们辞旧迎新之际祈求愿望的特有方式。饺子形状像元宝，过春节吃饺子意味着大吉大利，包饺子则意味着包住福运。出门吃饺子是期盼团圆的意思，取平安团圆之意，也含有希望外出的人早日归来之意。中国北部有一种习俗：逢年过节，迎亲待友，总要包顿饺子吃。尤其是大年初一，全家人拜好年后，便围坐在一起，边包饺子边聊天，山南海北，无所不谈，不时引来欢声笑语，其乐无穷，因此有"水饺人人都爱吃，年饭尤数饺子香"之说。

生活中的饺子

饺子馅的不同寓意：

芹菜馅有勤财之意，故为"勤财饺"

韭菜馅有久财之意，故为"久财饺"

白菜馅有百财之意，故为"百财饺"

香菇馅有鼓财之意，故为"鼓财饺"

酸菜馅有算财之意，故为"算财饺"

油菜馅有有财之意，故为"有财饺"

鱼肉馅有余财之意，故为"余财饺"

牛肉馅有牛财之意，故为"牛财饺"

羊肉馅有洋财之意，故为"洋财饺"

大枣馅有招财之意，故为"招财饺"

野菜馅有野财之意，故为"野财饺"

蔬菜馅有财到之意，故为"财到饺"

甜馅有添财之意，故为"添财饺"

幼儿泥工活动是一种发展幼儿动手能力和培养幼儿空间想象能力的活动，也是一项幼儿非常喜欢的休闲娱乐活动。彩泥的操作性、创造性很强，幼儿在泥工活动中可以随意地团一团、捏一捏、搓一搓，改变彩泥的形状，使幼儿感到满足，激发幼儿的好奇心，所以小朋友们对彩泥都很感兴趣。

活动目标：

1. 喜欢捏泥，乐于参加泥工活动，享受捏泥的乐趣。
2. 通过团、压、捏等动作，感知泥的柔软和可塑性。
3. 锻炼手的操作能力，能捏造简单的造型，做出饺子。
4. 感受春节吃饺子的喜庆气氛。

活动准备：

1. 经验准备：有看过大人包饺子的经验。
2. 物质准备：

　（1）教师材料：各种形状的饺子实物图片、包饺子的视频。

　（2）幼儿材料：各色彩泥、擀面杖、泥工板、垫板、圆纸盘。

活动过程：

1. 情境导入，教师出示包饺子的视频，激发幼儿兴趣。
2. 教师出示各种形状的饺子图片，引导幼儿观察，帮助幼儿认识、了解饺子的颜色和造型。
3. 探索表现方法：

　（1）教师边示范边讲解，重点引导幼儿观察做饺子的步骤：先团圆，再压扁，最后要捏起来。

　（2）教师带领幼儿边说边示范团圆、压扁和捏的动作。

4. 教师鼓励幼儿尝试使用多种方法进行制作，教师要巡回进行指导。

活动评价：

1. 作品放在白盘子里，在班级美工区进行展示。
2. 幼儿说一说自己做的饺子是什么造型、什么颜色，介绍制作的过程。

活动延伸：

将彩泥投放到美工区，供幼儿进行各种泥工制作活动。

教学活动建议：

1. 把体验和感受操作过程作为本次活动的重点，教师应鼓励、支持幼儿的自主创作。

2. 教师观察幼儿的动手操作能力，了解幼儿是否有基本的泥工技能。

3. 泥工活动对发展幼儿的创造性思维能力有着独特的作用，要实现泥工活动的教育作用，关键在于教师的主导作用。教师要设法调动起幼儿的主动性与积极性，帮助幼儿在泥工活动中获得创造的快乐，促进幼儿创造性思维能力的发展。

活动作品展示：

幼儿泥工作品《饺子》

教育资源小贴士

1. 张仲景

饺子原名"娇耳",相传是由我国医圣张仲景发明。他的"祛寒娇耳汤"的故事在民间广为流传。相传张仲景任长沙太守时,常为百姓除疾医病。有一年,当地瘟疫盛行,张仲景在衙门门口垒起大锅,舍药救人,深得长沙人民的爱戴。张仲景从长沙告老还乡后,在家乡白河岸边看到很多穷苦百姓忍饥受寒,耳朵都冻烂了。原来,当时伤寒流行,病死的人很多,张仲景心里非常难受,决心救治他们。张仲景回到家后,前来求医的人特别多,忙得不可开交,但他心里总记挂着那些冻烂耳朵的穷百姓。他仿照在长沙的办法,让弟子在南阳东关的一块空地上搭起医棚,架起大锅,在冬至日开张,向穷人舍药治伤。

张仲景的药名叫"祛寒娇耳汤",是总结汉代300多年临床实践而成,该药的做法是用羊肉和一些祛寒药材在锅里水煮,煮好后再捞出来切碎,用面皮包成耳朵状的"娇耳",下锅煮熟后分给乞药的病人。每人两只娇耳、一碗汤。人们吃下后浑身发热、血液通畅、两耳变暖。老百姓从冬至吃到除夕,抵御了伤寒,治好了冻耳。

张仲景舍药一直持续到大年三十。第二日大年初一,人们庆祝新年,也庆祝烂耳康复,就仿娇耳的样子做过年的食物。人们称这种食物为"饺耳""饺子"或"扁食",在冬至和大年初一食用,以纪念张仲景开棚舍药和治愈病人的日子。

张仲景距今已近1800年,但他的"祛寒娇耳汤"的故事一直在民间流传至今。每逢冬至和大年初一，人们吃着饺子，心里仍记挂着张仲景的恩情。今天，虽然我们再也不必用娇耳来治冻烂的耳朵，但饺子却已成了人们最常见、最爱吃的食品。

2. 技法材料

泥工是运用彩泥、黏土、面团等材料，用团、搓、拍、捏、挖、分泥和伸拉等各种技法塑造出立体形象或贴出简单形象（或情节）的一种造型活动。泥工活动是一种具有较强操作性的活动，深受幼儿的喜爱。通过泥工操作，幼儿小肌肉的协调能力得到很大提高，灵活性也逐渐增强，想象力和创造力更是得到很大提高。结合学前儿童的实际操作，泥工可以分为泥拓印、捏塑、泥条成型、泥片成型、泥贴画5种常见的类型。

3. 幼儿手工特点

小班幼儿的手工能力处于玩耍阶段，这时他们主要满足于手部活动的乐趣。小班上学期，以玩泥为主，认识和感受彩泥的柔软性，体验泥工活动的乐趣；小班下学期，能运用搓、压、分泥等方法进行简单的造型。具体来说，首先，教师为小班幼儿选择泥工活动的内容时，应以兴趣的培养为主，在引导幼儿认识简单的工具和材料的基础上，让他们对这些工具材料进行充分的摆弄和探索，如认识泥工板等，知道其名称和使用方法，知道泥的性质是柔软的、可塑的，激发幼儿进行手工活动的意愿。其次，鼓励幼儿尝试通过一种或两种基本技法塑造简单的物体形象，如"汤圆""饼""面条"等。随着幼儿泥工技能的提高，可逐步增加一些由两个基本形体组合成的形象，如油条（两根泥条拧成）、汉堡包（不同颜色油泥的重叠）等。最后，还可以为幼儿选择一些借助简单的辅助材料进行塑造的活动内容，如制作"棒棒糖""糖葫芦""小蘑菇"等。

3—4岁为小班儿童，由于他们手部肌肉发育不够成熟，认识能力也有限，所以这个时期的儿童不能有目的地制作出形象。教师在指导时应该提供多种安全、卫生的工具材料，给儿童以充分接触材料、探索工具的机会，逐步学习一些基本、简单的手工技能。

活动方案三：好看的窗花（小班欣赏）

活动背景：

窗花是贴在窗纸或窗户玻璃上的剪纸，是中国传统民间艺术之一。

窗花已有上千年的历史，在宋元时期逐渐兴起。明清时期，剪纸手工艺走向成熟，并达到鼎盛。汉族传统剪纸手工艺的运用范围更为广泛，凡汉族民间灯彩上的花饰、扇面上的纹饰、刺绣的花样等，无一不是利用剪纸作为装饰。中国汉族人民常常以剪纸装饰家居，如门栈、窗花、柜花、喜花、棚顶花等。通过临剪、重剪、画剪，或描绘自己熟悉而热爱的自然景物，如鱼虫鸟兽、花草树木、亭桥风景，以至达到随心所欲的境界，信手即可剪出新的花样来。

窗花的剪刻形式，一是单色剪刻，多用大红纸制作，应用地区较广；二是套色剪纸，一般用于宫廷、商铺的大窗或厅堂和门面的窗户；三是浮雕剪纸，流行于甘肃、青海一带，浮雕剪纸是将剪刻与纸叠工艺融为一体，风格别具；四是彩色窗花，彩色窗花又有染色和衬色之分，以河北丰宁、蔚县所出的染色窗花最为出名，先刻后染。

为了不影响室内采光，窗花多为阳剪，以求得较多镂空的面积。窗花的表现题材极为广博，凡戏剧人物、历史传说、花鸟鱼虫、山水风景、现实生活及吉祥图案等，均可成为窗花的表现内容，可谓无所不有，最常见的有"吉祥喜庆""丰年求祥""五谷丰登""人畜兴旺""连年有余""贵花祥鸟"等纹样。"龙凤呈祥"一直是汉族民间艺术的主题，龙凤造型优美、刻画细致，准确地表达了人们祈福求祥的心理。窗花寄托着人们对理想生活的追求与渴望，作为节日的一种民俗活动的内容，不仅美化了民居环境，更重要的是成为人们审美交流的对象。

窗花图片欣赏

活动目标：

1. 欣赏各式各样的窗花，感受其独特的艺术魅力，了解窗花图案的吉祥寓意。

2. 感受新年的喜庆气氛，体验人们贴窗花迎新年的传统过节方式。

3. 对剪窗花的基本技能有所了解，对剪纸活动产生兴趣。

活动准备：

1. 经验准备：幼儿看过窗花、使用过剪刀。

2. 物质准备：

（1）教师材料：窗花作品课件、中国民间剪纸艺人制作窗花的过程影像资料片段。

（2）幼儿材料：70克各色彩纸、儿童剪刀、小筐、卡纸。

活动过程：

1. 初步欣赏。

（1）教师出示窗花作品课件，让幼儿初步感受窗花的独特风格。

（2）教师让幼儿描述自己的所见所感。

2. 教师播放影像资料，引导幼儿观察、讨论窗花的艺术特色。

（1）引导幼儿感知窗花的材质，了解窗花的制作方式，相互交流感受。

（2）引导幼儿深入观察几件窗花作品，对其造型、色彩、构图等进行充分讨论，并了解图案的吉祥寓意。

（3）引导幼儿将剪纸艺术同其他绘画形式进行比较，感受剪纸的独特艺术魅力。

3. 幼儿创作，教师巡回指导。

活动延伸：

1. 在美工区投放材料，让幼儿自由创作，进一步培养幼儿对剪纸的兴趣。

2. 收集或自制剪纸作品及书籍画册，布置在活动室，让幼儿欣赏、感知窗花对称、镂空的特点，感受中国民间剪纸的魅力，体验热闹、喜庆的节日气氛。

教学活动建议：

1. 通过欣赏各种纹样的窗花，让幼儿说一说、猜一猜、动一动，感知窗花，体会红色窗花所蕴含的意义。

2.教师在活动前,要了解幼儿使用剪刀的情况,在活动中针对不同能力水平的幼儿给予相应的指导。

3.教师在幼儿剪纸过程中观察幼儿剪纸时的专注力、使用剪刀的情况、剪纸时的语言表述、与同伴的交流情况等,找到教育契机。

活动作品展示:

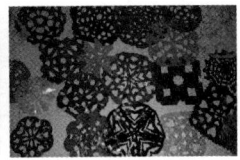

幼儿剪纸作品《窗花》

教育资源小贴士

1.窗花

以剪纸作为装饰的行为,在我国北方地区最为普遍。北方的农家窗户,多是木格窗,有竖格、方格或是带有几何形的花格,上面贴一层洁白的"皮纸",逢年过节家家户户均要更换一次窗纸,并贴上新窗花,以示除旧迎新。窗花的样式,一般比较自由、舒展,除了贴在四角上的"角花"和折剪的"团花"之外,窗花的外轮廓都没有严格限制,不仅题材多样,形式也很丰富。独幅的窗花多是剪些动物、花草和人物等纹样,有的也会剪成配套的"戏文"或传说故事。也有为了适应窗格的空间,把一个完整的剪纸形象分成若干条或几块,这种跨越了窗格的窗花,在山东民间被称为"窗越"。另外还有一种叫"窗风"的,是贴在窗子的通风处，只贴剪纸的上边，下边剪成流苏状（穗状），微风吹过使其飘动，别具风格。

（选自张道一主编《中国民间美术辞典》，江苏美术出版社2001年版）

2. 剪纸

采用纸剪或刀刻的方法，剪（刻）出图形样式的艺术作品，在我国已有一千多年的历史。据考证，1959年考古工作者曾在新疆吐鲁番高昌古墓发现了北朝埋藏的"对马""对猴"团花剪纸，这是目前世界上最早的剪纸实物资料。南北朝梁人宗懔所著《荆楚岁时记》中云："正月七日……剪彩为人，或镂金箔为人，以贴屏风，亦戴之头、鬓。"可见，剪纸艺术源远流长。其实，汉、唐以来，剪镂技艺不限于用纸，从内蒙古、陕西、江苏等地发掘的许多镂金箔片判断，在汉代的漆器上便贴有这种金属刻花。而在唐代则用金、银片镂刻成春蝶、春钱等纹饰来装点宫灯和用具。明、清时期，剪纸大量在百姓日常生活中出现。清代小说《红楼梦》中就有关于剪纸的描写。兴盛于明、清时代的印染工艺，其镂纸染印花版的刻制技术，便是极为讲究的刻纸工艺。另外，民间运用剪纸来刺绣底样更是十分普遍、年代久远。剪纸的品种分为黑白剪纸、套色剪纸、点染剪纸、分色剪纸、衬色剪纸、刻金彩衬和笔彩剪纸。作品要求构图结构严密、形象概括、简练清晰、线条规整。其风格样式大致可分为简刻与繁刻两类：北方剪纸多以粗犷简约为特征；南方剪纸则以精巧秀美而著称。剪纸产地以山东、河北、山西、陕西、江苏、浙江、广东和福建等地颇负盛名。（夏燕靖）

（选自奚传绩主编《美术教育词典》，人民教育出版社2009年版）

3. 技法材料

剪纸的色彩：要求在简中求繁，少作同类色、类似色、邻近色的配置，要求在对比色中求协调，同时还要注意用色的比例。如用一个颜色为主色调时，其他颜色在对比度上可以适当减弱。当碰到各种颜色并置，稍显生硬时，则可以把它们分别套入黑色、金色剪成的主稿里，即可获得协调、明快的感觉。

剪纸的刀法：要"稳、准、巧"，民间剪纸的许多特点和风格都是由于刀法上的不同技巧产生的，如张永寿创作的"百菊图"，许多地方都是依靠娴熟的刀法刻成的。例如名为"罗汉须"的菊花，由于它初开时是直瓣，盛开时卷曲，形成螺丝圈，剪这种菊花时，要一瓣一瓣地从里往外圈剪，剪成后花瓣卷曲自如，才能组成一朵形象殊异、风味别致的菊花。而名为"鹭鸶羽"的菊花，由于它开花时一瓣套着一瓣，一瓣勾着一瓣，剪这类菊花时则要运用"掏剪法"，剪起的地方要片片相连、瓣瓣相随，花瓣之间的粗细、大小才能参差有致、变化不同，剪成的花才能像鹭鸶的羽毛一样丰满而美丽。这里的"巧"主要是指运用巧刀刻出的"锯齿"和"月牙儿"，这是剪纸刀法中很重要的两种刀法，这两种刀法运用得当，就能形成剪纸艺术独具的"刀味纸感"。

（二）端午节

农历五月初五是端午节。"端"是"开端""初"的意思；"午"，先秦时与"五"相通。五月端午，又称端五、端阳、重五或重午。

端午节的起源，归纳起来大致有六种说法：一说端午节是龙的节日；二说端午节是纪念爱国诗人屈原的忌日；三说是为了纪念春秋时代的大将伍子胥，是吴、楚两地的风俗；四说是为了纪念春秋时代晋国忠臣介子推，流行于山西一带；五说是为了纪念会稽小女曹娥，属浙江会稽风俗；六说端午节是源自季节变化引起的五月五日恶月、恶日的巫术习俗。

端午节是我国传统节日中民族特色鲜明的一个夏季节日，也是我国多个民族及海外华人、华侨普遍认同、世代相传的节日。从古至今，围绕着这个节日所形成的主要习俗有龙舟竞渡、吃粽子、悬艾叶、斗百草、回娘家、团聚娱乐和佩戴香囊等。

端午民俗同其他中国传统节庆民俗一样，有着浓厚的文化意味。在中国的众多传统节日中，端午节也是人们广泛参与欢度的重要节日。这是因为它不仅有着悠久的传承历史，更在于它在民众化、生活化的历史进程中，不断汲取、吸纳着中华民族不同时代、不同地区的文化元素，使其文化内涵更加丰富和不断拓展，从而具有穿越历史时空的强大生命力。

（选自王文章主编《中国传统节日》，中央编译出版社2010年版）

活动方案四：漂亮的香包（中班绘画）

活动背景：

香包是古代中国劳动妇女创造的一种民间刺绣工艺品，又叫容臭、香袋、香囊、香缨、佩帏，今人称荷包、耍货子、绌绌，是用彩色丝线在彩绸上绣制出内涵丰富的图案纹饰，缝制成形状各异、大小不等的小绣囊，内盛有以多种浓烈芳香气味的中草药研制的细末，以作节令志庆、生活实用和观赏品玩之用。

中国传统的香囊多用绸布制成，内装雄黄、熏草、艾叶等香料。一说香包可以避邪，端午节时多会佩挂香包。

《礼记》云："五采谓之绣。"香包用青、赤、黄、白、黑五色丝线刺绣而成，色彩绚丽，自然有装饰衣着、把玩欣赏之审美功用，又因填有特殊的中药材，兼有驱邪辟秽、除菌爽神功效。现代，香包是承载传统文化的有效载体，在人际交往、美化环境、陶冶情操、寄情寓志方面起着不可替代的作用。

祛邪祈福，是香包文化的永久主题。而隐喻象征、托物言志则是香包的鲜明艺术特色。庆阳香包的图案和造型非常考究，具有丰富的意蕴：老虎、狮子象征勇猛威武，祛除邪恶保平安；双鱼、双蝶、蛟龙等象征两性相爱、交合、生育；莲花、荷花、牡丹、梅花等寓意女性的坚贞甜美；用登梅的喜鹊、采花的蜜蜂隐喻男性；借葫芦、石榴多籽，盼望多子多福；借大枣、花生、桂圆、莲子之名，取其谐音，寓意早（枣）生贵（桂）子；送给长寿老人的"耄耋童趣"，以猫和蝴蝶戏牡丹组合图案，寓意老年生活富有情趣；送给小孩的"福寿娃娃"，以憨态十足的娃娃为主体，周围环绕蝙蝠、桃子组图，盼望孩子健康平安。

生活中的香包

活动目标：

1. 使幼儿了解端午节佩戴香包的风俗习惯。

2.幼儿与同伴一起谈论有关端午节的话题，体验节日的快乐。

3.使幼儿体验画香包的乐趣。

活动准备：

1.经验准备：幼儿此前见过香包、戴过香包。

2.物质准备：

（1）教师材料：各种形状、纹样的香包实物及图片课件。

（2）幼儿材料：12色彩色水笔、水彩纸。

活动过程：

1.情境导入，教师播放香包课件，引导幼儿欣赏各种各样的香包图片，开阔幼儿眼界。

2.教师出示香包实物，引导幼儿观察，重点引导幼儿观察香包的形状、颜色、图案及纹样。

3.探索表现方法。

4.幼儿创作，教师巡回指导，教师要向幼儿介绍绘画工具并提醒他们需要注意的事项。

活动评价：

1.请幼儿介绍自己画的香包是什么形状、用了哪些漂亮的颜色、图案是什么意思。

2.将幼儿作品布置在作品栏，互相欣赏。

活动延伸：

将不同材料及工具投放到美工区，供幼儿进行绘画、手工活动。

教学活动建议：

1.教师把重点放在幼儿对艺术的感受与欣赏上，鼓励幼儿用多元化的表达方式分享自己的感受。

2.鼓励幼儿大胆地进行创作，有自己独特的想法。

活动作品展示：

幼儿彩色水笔作品《香包》

教育资源小贴士

1. 香包文化延伸

戴香包颇有讲究。老年人一般喜欢戴梅花、菊花、桃子、苹果、荷花、娃娃骑鱼、娃娃抱公鸡、双莲并蒂等纹样的香包，有鸟语花香、万事如意、夫妻恩爱、家庭和睦等寓意；小孩常佩戴的是飞禽走兽类的纹样，如虎、豹子、猴子上竿、斗鸡赶兔等；青年人戴香包最讲究，如果是热恋中的情人，那多情的姑娘很早就要精心制作一二枚别致的香包，赶在过节前送给自己的情郎，小伙子戴着心上人赠送的香包，自然会引起周围男女的评论，直夸小伙的对象心灵手巧。

在甘肃庆阳农村，花卉树木、虫鱼鸟兽、日月风云、楼台亭榭、几何图案，以及人物等，均可成为香包上刺绣的题材。心灵手巧的民间艺术家们，凭着一针一线和一把剪刀，就把活灵活现的龙、凤、金鱼、小老虎、狮子、蛇、蟾蜍、壁虎、蜈蚣、蝎子等动物图案呈现在世人面前，让人们在芳香四溢的香包世界里把玩欣赏，以此寄托人们心灵深处的美好诉求。

有些地方还有新嫁娘赠送亲友香包的习俗，认为新娘子带有喜气，由她亲手做的香包更能祛邪解毒，所以在新娘新婚的第一年的端午节，新嫁娘必须缝制香包分送亲友，至少要送一二百个，除了送给亲友之外，当然多半还是送给小幼儿佩戴，这是出自上一代对下一代的关爱，希望儿童能够顺利成长、诸邪远避，送给长辈则表示尊敬和孝思。至于送给情人的香包，含意就更深远了，一针一线都蕴含了无限柔情。在以前，妇女们在子女、情人出远门时，都会缝制香包让他们带在身上，一方面是希望能保佑他们旅游平安，另外一方面也是在提醒他们家乡有人倚门守候，希望他们能够早日归来。

2. 香包技法材料

工具：剪刀、绣花针、熨斗、绣花圈、铅笔。

材料：包括香末、棉花、树脂、彩色布料、各色绒线、各色绣花丝线、衬布、硬纸板、胶水或糨糊、脱脂棉、纸筒、彩珠、光片、铃铛、香料，等等。

针法：

（1）平针绣：所绣出来的纹样线条是虚线，用来固定、接合、装饰都可以。

（2）回针绣：绣出来的纹样线条是实线，比平针绣绣得更牢，也可以用来接合、装饰。

（3）直线绣：绣出来的纹样线条是单独的直线。

（4）轮廓绣：功用是绣出图案的外缘。

（5）锁链绣：所用的绣线比较粗，可以绣成花瓣的形状，可以用来装饰。

（6）人字绣：多半用在手帕的花边处。

（7）十字绣：和人字绣相同，所绣出来的交叉形花纹可作装饰，同样也可以用作花边。

（8）扣眼绣：多半用于固定、接合、缝边。

（9）结粒绣：绣出来的图案是一个小黑点，多半绣成眼睛或是绣成花朵的花蕊，等等。

（10）飞行绣：绣出来的纹样像英文字母中的"V"，多半用在人物的嘴形。

（11）扇形绣：和飞行绣不同的是多出中间的一条线，多半绣成小草或是树枝的形状。

（12）贴布绣：通常是在把一幅已绣好的花样附贴在另一块较大的布上时，在边缘做固定用。

3. 香包制作过程

以前香包的制作，一般会选择有质感、好塑形的材料，大都采用做衣服剩下来的零头布，布料比较好。

线是各色绣线，一种是丝线，一种是棉线。既可以拿来缝合，又可以绣成各式各样的图案。

香料因为配料不同，所研出来的香末味道自然就不同，配料主要包括艾草末、雄黄粉、檀香粉、香粉，等等。棉花是用来做香包内部的填充物，因为棉花本身轻柔而且可以久存不坏。

纸包括纸板和绵纸，前者用来绘图打稿，后者根据前者的纹样剪成纸样，有时也用来作衬底用。

装饰用的配件材料，有金线、利安线、亮片、珠子，等等。

制作时，先选择适当的布料，剪裁出基本型，然后根据剪好的布料选择适合的绣线。将剪好的长方形布料对折，缝合布边以后再翻面缝边绣合，以平针缝合开口处一圈以后，把线头抽紧，留一小口倒入适量的香末，再塞入棉絮，塞好以后把收口抽紧，再缝边成形，把做好的流苏缝合在香包底端，再用胶把剪好的叶子和丝带黏在香包的顶端，一个鸡心型的基本型香包就完成了。

实物造型的香包先是设计图形，然后是描图剪纸衬，裱在布的背面。把布剪下来在上面刺绣图样，然后把正反两块已绣好的布形相互背对开始缝合。缝合时要注意空隙不可太大，缝一半就可塞入香料和棉花。

最后开始做装饰用的丝带，先把丝带固定在底端，然后把珠子穿上去，再打一个中国结，接上流苏，一个象征着吉祥幸福的香包就做好了。

活动方案五：香香的粽子（中班手工）

活动背景：

粽子是中国汉族传统的节庆食物之一。粽，即粽粑，俗称粽子，主要材料是糯米、馅料，用箬叶（或柊叶、簕古子叶等）包裹而成，形状多样，主要有尖角状、四角状。粽子由来已久，最初是用来祭祀祖先神灵的贡品。南北叫法不同，北方产黍，用黍米做粽，角状，古时候在北方称"角黍"。由于各地饮食习惯的不同，粽子也形成了南北风味，从口味上来看，粽子有咸粽和甜粽两大类。

粽子种类繁多，从馅料看，北方多包小枣，如北京枣粽；南方则有绿豆、五花肉、豆沙、八宝、火腿、冬菇、蛋黄等多种馅料，其中以广东咸肉粽、浙江嘉兴粽子为代表。

因地区不同，由材料以至粽叶，都有着很大的差别，连"裹"的形状，也有很大的不同，有正三角形、正四角形、尖三角形、方形、长形等各种形状。

活动目标：

1. 使幼儿了解端午节的由来及相关习俗。

2. 让幼儿学习用彩泥表现不同形状的粽子，感受手工制作带来的乐趣。

3. 尝试用团、搓、按、捏等方法，锻炼幼儿的动手能力。

活动准备：

1. 经验准备：幼儿此前吃过粽子、教师学过包粽子的方法。

2. 物质准备：

（1）教师材料：各种形状、馅料的粽子图片课件及实物。

（2）幼儿材料：彩泥、泥工板、垫板、圆纸盘、彩带。

活动过程：

1. 情境导入，教师提出什么节日要吃粽子、粽子是哪里来的等引导性的问题，提供充足时间，让每一位幼儿都有机会发表自己的见解。

2. 教师出示粽子实物，引导幼儿观察粽子的外形特征，让幼儿看一看、摸一摸、闻一闻粽子，充分调动幼儿的多种感观参与。

3. 教师做示范，幼儿观察并讨论包粽子的步骤，了解粽子的制作过程。

4. 幼儿开始创作，用彩泥自由地搓、捏、压、团，做出不同形状的粽子，并尝试用彩带捆绑粽子，教师要巡回指导。

活动评价：

幼儿向大家介绍自己做的粽子是什么馅、都放了哪些材料、是什么形状的。

活动延伸：

将不同材料及工具投放到美工区，供幼儿进行各种手工制作活动。

教学活动建议：

1.教师关注幼儿对活动感兴趣的程度，及时鼓励幼儿，增强其信心。

2.教师不要过多干预幼儿的创作，观察幼儿是怎样团、捏、搓、按压的，了解幼儿是否能够熟练运用这些方法。

活动作品展示：

幼儿泥工作品《粽子》

教育资源小贴士

1.屈原

屈原（约前340—约前278）名平，楚国人，生活在战国时代末期，他的家乡在今三峡地区的湖北省秭归县乐平里，是我国历史上一位不朽的爱国诗人和政治家。他于20岁左右入仕，后任三闾大夫（相当于副宰相），他主张举贤任能，实行法制，联齐抗秦，辅助楚怀王治国，深受重用。但他革新政治、推行强国政策的主张触犯了大臣们的利益，遭到了以上官大夫靳尚为首的守旧派的抵制与反对。他们不断在楚怀王面前诋毁和诬陷屈原，楚怀王在多次听信谗言之后，便将屈原流放于洞庭湖一带，后来到汨罗江一带。屈原怀着难以抑制的忧郁悲愤，写出了《离骚》《天问》等不朽诗篇。公元前278年，秦国大将白起攻破楚国都郢城，屈原见自己无力救国，万念俱灰，仰天长叹，写下了绝笔诗篇《怀沙》之后，于农历五月初五这一天抱石投入了激流滚滚的汨罗江中自沉。

　　江上的渔夫和岸上的百姓，听说屈原大夫投江自尽，都纷纷来到江上，奋力打捞屈原的尸体。为使尸体免遭江中鱼鳖侵食，人们纷纷拿出家中的饭团、鸡蛋等食物投入江中。后来人们由于害怕饭团被蛟龙所食，就想出用楝树叶包饭，外缠彩线，这就是后来的粽子。还有郎中把雄黄酒倒入江中，以毒昏蛟龙水兽，使屈原大夫的尸体免遭伤害。从此，每年在五月初五屈原投江殉难之日，楚国人都到江上划龙舟，投粽子、喝雄黄酒，以此纪念诗人。端午节的风俗就这样流传下来了。

　　（选自王文章主编《中国传统节日》，中央编译出版社2010年版，第90—92页）

2. 粽子文化延伸

　　端午节吃粽子，这是端午节的食俗。粽子，又称角黍。角黍的做法是把大竹叶泡湿，糯米发开，以肉、豆沙、红枣等为馅料，包成三角或四角状，扎以线绳固定，进行蒸煮，熟而食之。

粽子最初用于祭祀，经图腾祭祀、神灵祭祀、祖先祭祀、人物祭祀之历程。到了南北朝时，随着爱国诗人屈原在人们心目中的地位日趋崇高，粽子作为纪念屈原祭祀物品的指向性越来越突出。其实，用粽子祭祀屈原，不过是人们用传统的祭祖方式来祭祀英雄人物而已。

端午吃粽子作为全国性风俗始见于西晋周处撰的《风土记》："仲夏端午，烹鹜角黍。"到了唐宋时期，粽子已是端午必备的节令食品。

粽子作为一种食品，全国各地根据其不同地域的特产和风俗，各有特点。就今天各地的粽子品类来看，大致可分为两种：一种是凉食的素粽，北方由糯米或黍米另加枣、栗、青梅、百合、莲子、白果、花生、松子、芝麻、桃仁、柿饼、果脯等制成。南方则用糯米加豆沙、赤豆、椰蓉、莲蓉等制成。另一种是热食的荤粽，主要盛行于南方。广东潮州一带的人们喜欢吃一头用甜料、一头用咸料、一粽两味的"双拼粽"。粽子的口味有甜、咸、香、辣之别；粽子的外形有角粽、锥粽、秤砣粽、枕头粽、筒粽等；包粽的材料有粽叶（箬叶）、竹叶、苇叶、莲叶等；单个粽子的重量一般为一两（50克）左右，广东有重达半斤（250克）至一斤（500克）左右的大粽。

（选自王文章主编《中国传统节日》，中央编译出版社2010年版，第97页）

活动方案六：赛龙舟（中班欣赏）

活动背景：

龙舟是中国端午节的习俗之一，也是端午节最重要的节日民俗活动之一，在中国南方地区普遍存在，在北方靠近河湖的城市也有赛龙舟习俗，而大部分是划旱龙舟、舞龙船的形式。

"龙舟竞渡"是在战国时代就已有的习俗。战国时期，人们在击鼓声中划着刻成龙形的独木舟，做竞渡游戏，以娱神与乐人，此时的龙舟竞渡是祭仪中半宗教性、半娱乐性的节目。在两湖地区，祭屈原与赛龙舟是紧密相关的，可能是屈原及曹娥、伍子胥等人去世后，当地人民曾用魂舟送其灵魂归葬，故有此俗。但赛龙舟除纪念屈原之外，在其他地方，人们还赋予了不同的寓意。

龙舟大小不一，桡手人数不一。龙舟一般是狭长、细窄，船头饰龙头，船尾饰龙尾。龙头的颜色有红、黑、灰等色，均与龙灯之头相似，姿态不一，多为木雕加以彩绘（也有用纸扎、纱扎的）。龙尾多用整根木雕，上刻鳞甲。除龙头、龙尾外，龙舟上还有锣鼓、旗帜或船体绘画等装饰。古代龙舟也很华丽，如描绘龙舟竞渡的《龙池竞渡图卷》，图中龙舟的龙头高昂、硕大有神、雕镂精美，龙尾高卷，龙身还有数层重檐楼阁。

千百年来，关于端午赛龙舟的诗词佳句不计其数，展现出端午习俗丰富的文化内涵。

赛龙舟图片欣赏

活动目标：

1. 欣赏各式各样的龙舟，使幼儿了解赛龙舟是端午节的民俗活动之一。

2. 引导幼儿大胆地用不同的方式装饰龙舟。

活动准备：

1. 经验准备：通过观看赛龙舟视频，对龙舟的特征有初步的认识。

2. 物质准备：

(1) 教师材料：赛龙舟图片及视频课件。

(2) 幼儿材料：拼好的木制龙舟、综合材料、剪刀、彩色水笔、胶水、抹布等。

活动过程：

1. 初步欣赏赛龙舟视频。

2. 讨论龙舟的艺术特色，引导幼儿仔细观察龙舟上都有哪些装饰。

3. 幼儿进行创作，自由粘贴、绘画，教师巡回指导，并介绍材料和粘贴时的注意事项。

活动延伸：

将不同材料及工具投放到美工区，供幼儿进行各种绘画、手工制作活动。

教学活动建议：

1. 教育活动的重点在于指导幼儿如何仔细观察。

2. 关注幼儿的创作激情、创作欲望。鼓励幼儿将自己喜欢的元素加入设计中。

教育资源小贴士

1. 赛龙舟

龙舟是我国民间开展竞渡比赛时使用的一种带有装饰的舟楫。闻一多在《神话与诗》一文中说道："龙舟，只是文身的范围从身体扩张到身体以外的用具。"并且解释其由来"龙舟竞渡应该是史前图腾社会的遗俗……至于说是拯救屈原的故事，最早的记载也只在六朝"。这就说明两个事实，龙舟是我国古老民俗的遗存物；其次，与"端午节"纪念屈原的风俗有关，划舟竞技的实际意义则饱含着民众对屈原的怀念。在我国民间开展龙舟竞渡是在农历的五月，颇具盛况。如贵州清水江地区所见，龙舟是采用直径约1米、长达25米的整根梧桐或杉木掏空挖制而成，舟体两侧附有略短的子舟，龙头高高翘出水面，似昂头挺胸，头部两侧还安装水牛角形的大龙角，左右两面侧分别书写"风调雨顺""五谷丰登"。舟身彩绘并饰以雕刻，显示其民俗文化价值。

龙舟竞赛的划手定为36人。击鼓指挥的"鼓头"及鸣锣手，撑篙人立于龙首。18对划手，头戴缀有银花鸟装饰的细篾亮纱斗笠，身着白色对襟服，外罩青色紧身衣，腰束织锦白花带，下着蓝色长筒裤，手持6尺长桨，立舟而划。站立龙头的"鼓头"多为德高望重的长者，其身着白色长衫，罩红或黄色背心，头戴插银花的宽边大草帽。鸣锣手则是少年男扮女装，个个头戴银冠出征。比赛开始，岸上亲友以鸡鸭、米酒、彩绸、鞭炮、银牌等礼物沿途相随相贺，姑娘们踏歌翩跹，划手们则以风趣的《龙船歌》对唱直至终点。（夏燕靖）

（选自奚传绩主编《美术教育词典》，人民教育出版社2009年版，第33页）

2. 龙舟文化延伸

龙舟竞渡是端午节最具代表性、广泛性的民间活动，也是最富刺激性、最为壮观的活动。

从起源上讲，龙舟竞渡早在春秋战国时期就有了，发源地在河湖交错的江南水乡，最早为民间流行的一种驱灾巫仪式。后来人们借用这一形式来纪念爱国诗人屈原。

所谓龙舟，就是龙与舟的结合，是一种以龙为标志的竞赛船只。龙舟的特色表现在舟（龙）头和舟（龙）尾上。此外，舟上还有各种装饰，如神楼、神位、旗帜、彩灯、大鼓、铜锣等。每逢端午节时，事前要修龙舟，训练水手。比赛还要进行请龙、祭龙仪式，然后再进行竞渡比赛。

龙舟有独木舟和龙船两种。独木龙舟用一根木料制作而成。舟的形制与龙纹彩绘合为一体；各种龙舟的构造大致相同：船体（包括桨梢或橹）、龙头、龙尾、各种装饰物和锣鼓。龙头多用整块木头雕成，染色后，在竞渡前装在船首。龙舟的大小按划船人数区分为3人、5人、10人的小龙舟，长约5米至7米；20人到50人的为中龙舟，长约15米至25米；60人至100人的为大龙舟，长约30米至35米；还有200多人划的特大龙舟。在楚越民族聚居的江南地区，龙舟竞渡的习俗很盛行。现存的数千种中国地方志中，其中有近三百种方志中都可以找到载有龙舟竞渡习俗的篇目。最早的龙舟竞渡记载是明代杨嗣昌的《武陵竞渡略》，文中详细记载了明代沅湘一带的竞渡习俗。清代人厉惕斋的《真州竹枝词引》，曾生动描写过扬州端午节的盛况。从中我们可以了解到清代扬州的龙舟竞渡习俗有以下几个特点：一是从农历五月初一到五月初五都有龙舟竞渡，只有到了初五，热闹非凡而达到高潮；二是各种各样的龙舟在端午节前后的几天都要亮相并争奇斗巧。龙舟上还有杂技等种种民间艺术表演，不仅仅以龙舟速度快慢决出胜败来吸引人，而更多地是以娱乐性的表演和游戏来吸引人。扬州一带端午习俗的这些特点使我们明白：竞渡到了清代在保留早期禳灾除邪和速度竞技外，更多地融合了当地民众的娱乐形式，使其更具有节日情趣和群众参与性。端午龙舟竞渡的传承发展，生动地说明了文化传统的表现形式，在传承的过程中都有其相习主体的再创造过程，也就是我们今天所说的非物质文化遗产所具有的活态流变性。

龙舟竞渡，在我国南方多数地区纪念的人物对象主要是爱国诗人屈原。但在一些地方，纪念的人物对象有所不同。如江浙一带兼有纪念当地历史人物的不同意味，如春秋时代吴国的伍子胥和近代民主革命家秋瑾等。另外，龙舟竞渡这一形式也在我国一些少数民族地区，在其他节日中也可看到，其寓意是有别于端午龙舟竞渡的。

清乾隆二十九年（1764），台湾开始举行龙舟竞渡，直到现在，台湾地区在每年农历五月初五都要举行龙舟竞赛活动。香港也是如此。划龙舟还先后传入日本、越南及英国。1980年赛龙舟被列为中国国家体育比赛项目，并于每年举行"屈原杯"龙舟赛。1991年6月16日（农历五月初五）在屈原的第二故乡湖南省岳阳市举行了首届国际龙舟赛。在竞渡之前，举行了"龙头祭"。龙头被抬入屈子祠内，由运动员给龙头"上红"（披红带），主持人宣读祭文，并为龙头"点睛"。参加祭龙仪式的所有人员行三鞠躬之礼，龙头被抬往汨罗江，奔向龙舟赛场。这一源于端午古老习俗的仪式，是龙舟赛在当代传承中民族文化与民俗风情抹不掉的底色，使得参赛的运动员和观赛的普通民众在龙舟赛事构建的时空关系中，都体验着深厚的传统文化韵味。

（选自王文章主编《中国传统节日》，中央编译出版社2010年版，第95页）

3. 技法材料介绍

拼贴作为一个专门名词，源于法语的coller，意为粘贴、托裱，是西方现代美术家常用的一种造型方法。它主要用于平面上，具体方法是在画纸、画板或其他平面材料上，全部或部分用各种天然或人造物的碎片，按照作者的表现意图粘贴成一幅艺术作品。20世纪初，法国画家马蒂斯晚年就曾用拼贴的方法创作了一批作品。60年代流行的波普艺术也广泛采用这种形式。中小学美术课中也广泛采用拼贴形式，培养学生的造型和设计能力，如常见的纸贴画、布贴画、树叶拼贴画等。当拼贴以立体物品为主时，则

通常被称为"集合艺术",接近于雕塑艺术。(奚传绩)

(选自奚传绩主编《美术教育词典》,人民教育出版社2009年版,第13页)

4.幼儿园美术欣赏教育活动介绍

幼儿园美术欣赏教育活动是通过教师引导幼儿欣赏和感受美术作品、自然景物和社会环境中的美好事物,了解对称、均衡等形式美的初步概念,感受其形式美和内容美,从而丰富幼儿的美感经验,培养其审美情感和审美能力的教育活动。学前儿童艺术教育属于普通艺术教育的范畴,美术欣赏教育是培育儿童艺术素养的一个重要途径。因此,教师可以让儿童从小接触经典艺术,增强其对美的敏感性,提高他们的美感意识。

(三)中秋节

说起中秋节,人们马上就会想到我国古代最为著名的一首"中秋词"。这就是宋代大文豪苏轼的《水调歌头》:

明月几时有?
把酒问青天。
不知天上宫阙,
今夕是何年。
我欲乘风归去,
又恐琼楼玉宇,
高处不胜寒。
起舞弄清影,
何似在人间。

转朱阁，

低绮户，

照无眠。

不应有恨，

何事长向别时圆？

人有悲欢离合，

月有阴晴圆缺，

此事古难全。

但愿人长久，

千里共婵娟。

这首千古绝唱，写的是中秋之月，由月及人，写出了对月亮的想象、对团圆的渴望，在沧桑中透露出豁达的人生态度，既有对弟弟苏辙（子由）的怀念，也表达了对世间所有人的美好祝愿。这首词可以说凝聚了中国人对"中秋"的深厚情感。

中秋节，节期为农历八月十五，这一日恰逢三秋之半，故名"中秋节"，也叫"仲秋节"；又因这个节日在秋季的八月，所以又称"秋节""八月节""八月会"；又有祈求团圆的信仰和相关节俗活动，所以称"团圆节""女儿节"；因为中秋节的主要活动都是围绕"月亮"进行的，所以又俗称"月节""月夕""追月节""玩月节""拜月节"；在唐朝，中秋还被称为"端正月"。

中秋节是我国的传统佳节，这一节日凝聚了中华民族几千年的深厚情感。对现代中国人来说，中秋节不仅是一种民俗，而且我们可以由此理解中国人的传统观念和情感。

关于中秋节，有不少美丽的传说，这些传说大多是围绕月亮展开的，使中秋节染上了一种神话的浪漫色彩。在人们的想象中，月宫有巍峨的广寒宫，有美丽的嫦娥，还有可爱的玉兔和神奇的桂树，是一个充满魅力的天上"人间"。

1. 嫦娥奔月

"嫦娥奔月"，最早记载于战国末期的《归藏》："昔嫦娥以西王母不死之药服之，遂奔月为月精。"而西汉的《淮南子》则有更为详细的记载，相传远古时候，有一年天上出现了十个太阳，直烤得大地冒烟，海水枯干，老百姓无法生活。这件事惊动了一个英雄后羿，他登上昆仑山顶，运足神力，拉开神弓，一气射下九个多余的太阳。后羿立下盖世神功，受到百姓的尊敬和爱戴。后羿娶了个美丽善良的妻子，名叫嫦娥。后羿到昆仑山访友求道，遇到西王母，便向她求得一包不死药。据说服下此药，能即刻升天成仙。不料嫦娥却把药偷吃了，飞落到月亮上成了仙。后羿知道后悲痛欲绝，仰望夜空呼唤爱妻，这时他发现，今天的月亮格外皎洁明亮，有个晃动的身影酷似嫦娥。后羿急忙派人到后花园里，摆上香案，放上她平时最爱吃的蜜食鲜果，遥祭在月宫里的嫦娥。百姓们闻知嫦娥奔月成仙的消息后，纷纷在月下摆设香案，向嫦娥祈求吉祥。从此，中秋节拜月的风俗在民间传开了。

"嫦娥奔月"的另一种说法，是嫦娥受到了后羿的弟子逢蒙的威胁，才服药飞升的。东汉张衡的《灵宪》则记载了"嫦娥化蟾"的故事："嫦娥，羿妻也，窃王母不死药服之，奔月。将往，枚筮之于有黄。有黄占之：曰：'吉，翩翩归妹，独将西行，逢天晦芒，毋惊毋恐，后且大昌。'嫦娥遂托身于月是为蟾蜍。"但在民间，老百姓似乎更愿意接受"奔月"的故事。嫦娥奔月的故事受到了历代文人的歌咏，唐人李商隐曾有诗感叹："嫦娥应悔偷灵药，碧海青天夜夜心。"

鲁迅先生在小说《奔月》中，则重写了这一古代神话，赋予了其现代意义。

2. 吴刚伐桂

"吴刚伐桂"的故事，最早见于唐段成式《酉阳杂俎》，传说月中广寒宫前有一株桂树，高达五百丈。汉朝有一位西河人吴刚，本为樵夫，醉心于仙道，但始终不肯专心学习，因此天帝震怒，让他居留在月宫，令他在月宫伐桂树，并说："如果你砍倒桂树，就可获仙术。"但吴刚每砍一斧，斧起而树创伤就马上愈合，日复一日，吴刚伐桂的愿望仍未实现，因此吴刚在月宫常年伐桂，始终砍不倒这棵树，而他也不断地砍下去。李白有诗云"欲斫月中桂，持为寒者薪"，毛泽东《蝶恋花》一词则有"问讯吴刚何所有，吴刚捧出桂花酒"之句。由于这个神话，月亮又被称为桂月、桂轮，月宫被称为桂窟、桂宫，并比喻科举考中为"月中折桂""蟾宫折桂"，在有桂树的地方，中秋还有赏桂花、饮桂花酒的习俗。

3. 玉兔捣药

相传月亮之中有一只兔子，其身洁白如玉，所以称作"玉兔"。早在春秋时代便有了关于月中玉兔的传说，屈原的《天问》中有"厥利维何，而顾、菟在腹"之句，其中"菟"就是白兔，晋朝傅玄在《拟天问》中也提道："月中何有？白兔捣药。"

关于玉兔的来历，有种种不同的说法，一说有三位神仙化身为三个可怜的老人，向狐狸、猴子及兔子乞食，狐狸及猴子都拿出了食物接济老人，但只有兔子什么都没有，后来兔子告诉老人"你们吃我吧"，就往烈火中跳了进去，神仙们大受感动，于是将兔子送到了广寒宫成了玉兔；一说是兔仙不忍嫦娥一个人在广寒宫里寂寞度日，便让自己最小的女儿进了月宫去陪伴嫦娥；另一说认为玉兔就是嫦娥的化身，嫦娥奔月后，触犯了玉帝的旨意，于是他将嫦娥变成白兔，每到月圆时，就要玉兔在月宫为天神捣药以示惩戒。此后，"玉兔"便成为月亮的代名词，古人写诗作词，常常以玉兔象征月亮，如贾岛《赠智朗禅师》诗："上人分明见，玉兔潭底没。"辛弃疾《满江红·中秋》一词中也有"著意登楼瞻玉兔，何人张幕遮银阙"之句。

这些美丽的传说，为中秋节蒙上了一层神秘的面纱，在轻盈的月光下，人们遥望夜空，可以看到月宫中的嫦娥、吴刚、玉兔与桂树，在神奇的想象中与自然融为一体，这是一种奇妙的体验。在科学昌明的今天，这些传说仍能给人以美好的想象。

中秋节的习俗很多，不同时代、不同地区、不同民族的习俗也有不同，但都寄托着人们对生活的热爱和对美好生活的向往。"海上生明月，天涯共此时。"丰富多彩的中秋习俗凝聚起了共同的记忆与感情。

"祭月"是上古的仪式，与对月亮神的崇拜相关，早在夏商时期我国就有"秋暮夕月"的习俗，"夕月"即祭拜月神。到了周代，每逢中秋夜都要举行迎寒和祭月。这种风俗不仅为上层贵族所奉行，随着社会的发展，也逐渐影响到民间。中秋夜，满城人家，不论穷富老小，都要焚香拜月说出心愿，祈求月亮神的保佑。

月饼象征团圆，是中秋佳节必食之品。月饼原本是祭月时供品的一种，以后成为民间互相馈赠的礼品。《西湖游览志》称："民间以月饼相馈，取团圆之义。"苏轼以"小饼如嚼月，中有酥与饴"来赞誉月饼。

不少地区还有吃鸭子的习俗，福建中秋时正是鸭子最肥的季节，福建人用福建盛产的槟榔芋和鸭子一起烧，叫槟榔芋烧鸭。南京人中秋爱吃月饼外，必吃金陵名菜桂花鸭。桂花鸭于桂子飘香之时应市，肥而不腻，味美可口。在川西地区，烟熏鸭子是中秋节必备佳品，因那时当年生鸭已长大，肥瘦适宜。

《燕京岁时记》记载："每届中秋，市人之巧者，用黄土抟成蟾兔之像以出售，谓之兔儿爷。"兔儿爷的起源约在明末，明人纪坤的《花王阁剩稿》记载："京中秋节多以泥抟兔形，衣冠踞坐如人状，儿女祀而拜之。"到了清代，兔儿爷经过民间艺人的大胆创造，已经人格化了，兔儿爷的功能也由祭月转变为儿童的中秋节玩具。

兔儿爷多见于北方，南方则有玩花灯等活动。早在南宋《武林旧事》中，记载中秋夜节俗，就有将"一点红"灯放入江中漂流玩耍的活动。

（选自王文章主编《中国传统节日》，中央编译出版社2010年版）

活动方案七：好吃的水果（大班绘画）

活动背景：

中秋时节，各种瓜果成熟上市，因此中秋节也被称为"果子节"，各种时令鲜果、干果也是中秋夜的美食。根据幼儿的年龄特点和心理特点设计此活动，以生活中常见的水果实物为原型，引导幼儿通过观察水果的颜色、形状、形态等，并以写生的方式表达他们眼中的水果，体验静物写生的乐趣。

活动目标：

1. 引导幼儿观察各种不同的水果的外形和颜色。
2. 培养幼儿对写生的兴趣，体验静物写生的乐趣。

活动准备：

1.经验准备：幼儿见过、吃过不同的水果，有画过水果的经验，了解水果的基本特征。

2.物质准备：

（1）教师材料：苹果、香梨、香蕉、葡萄、橘子、圣女果、桌子、桌布。

（2）幼儿材料：水粉颜料、水粉纸、水粉笔、调色盘、小水桶、抹布、胶带、画板、罩衣。

活动过程：

1.情境导入，引导幼儿兴趣。教师布置好写生物品，出示实物水果，并向小朋友们介绍不同水果的特征：又大又红的苹果、圆圆的紫红色的葡萄、金黄色的扁扁的橘子、红红的圆圆的圣女果、黄澄澄的香梨以及金灿灿的香蕉。

2.教师引导幼儿观察水果静物的遮挡关系和构图，讨论水果写生的步骤和方法。

3.探索表现方法。教师引导幼儿先把握静物的主体，再画局部的细节。在画的时候要设计好画面布局，注意画面的结构和遮挡关系。

4.幼儿创作，教师巡回指导。对于那些感到困难无从下笔的幼儿，教师可给予具体的指导；对于写生能力强的幼儿，教师应提高要求，引导他们描绘出更多的细节。

活动评价：

1.从画面的构图、色彩等方面点评幼儿作品。

2.教师小结，引导幼儿要善于用眼睛去发现、观察身边更多美好的事物，热爱写生。

活动延伸：

将不同材料及工具投放到美工区，供幼儿进行各种写生活动。

教学活动建议：

1. 教师引导幼儿尝试从不同角度观察水果的外形特征，支持幼儿自主观察、大胆表现。

2. 教师通过新颖的绘画形式，调动幼儿的积极性。

3. 关注个别幼儿的需求。

活动作品展示：

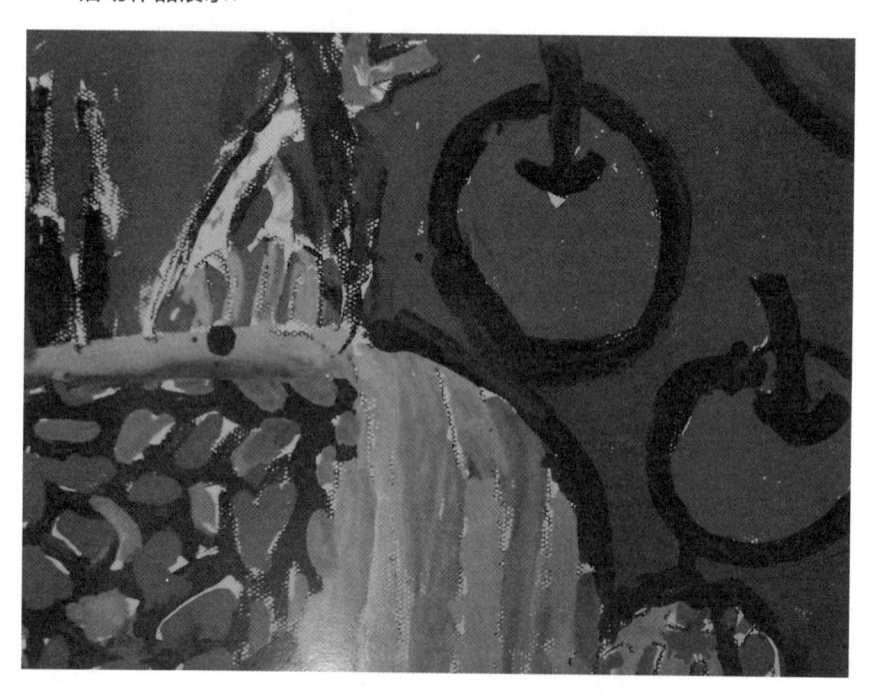

幼儿水粉作品《水果》

教育资源小贴士

1. 水粉画

利用水粉画材料，满足儿童探索色彩的兴趣，开发儿童的色彩潜能。儿童使用的水粉颜料，最好是锡筒装的广告色，作画时将颜料挤在多格的调色盒里，用起来比较方便。小筒的套装水粉颜料虽然也可以用，但由于儿童用色量大，使用不经济。水粉画的笔一般选购大、中、小三支油画笔就够了，油画笔的笔毛较有弹性，便于儿童掌握。指导儿童使用水粉工具作画，不需要讲太多的专业技法，多鼓励儿童大胆用色、自由创作即可。其主要方法是：

第一，不用铅笔起稿，直接用色线勾画轮廓。勾线用色可以任意选择。在勾线时需要提醒儿童适当画粗，以便填色时压盖一部分线，这样可使画面比较生动。

第二，少用水，多用色，使色彩保持高饱和度。让儿童克服经常涮笔的习惯，在涂过一种颜色后不要直接洗掉剩余颜色，可以继续蘸取另一种颜料，让颜色在纸上融合产生丰富的色彩变化。幼儿不容易掌握调和颜料用水的多少，水分过多容易使画面花、乱，因此要少用水，让他们直接用笔蘸色去涂、抹、勾、点，尽情自由发挥，不要过于拘泥，尽量使儿童能感受色彩表现的快乐。

第三，不要强调画固有色。色彩是在光的作用下产生的，没有固定不变的色彩。鼓励儿童选择自己喜爱的、认为美的颜色去画，培养儿童创造性表现色彩的能力，从而使他们的审美意识受到启蒙。

第四，适当讲授一些调色的方法，如提高明度和降低明度，当需要调配明度较高的颜色时，可以先在调色盘中用水将白色调好，然后逐步加入其他颜色，一直调到合适为止。反之，如果用白色向其他颜色内混合，会不容易把握颜色的明度高低，造成颜料的浪费。对年龄稍大的儿童，也可以教他们一些调复色的简便方法，如在纯色中加入少量黑色或少量褐色，可混合出各种复色，等等。

2. 学前儿童对色彩的学习

学前儿童对色彩的学习主要包括以下两个方面：

第一，色彩的色相、明度、饱和度的辨认。色相是色彩所呈现的质地面貌。学前儿童需要辨认的常见色相包括红、黄、蓝三原色，橙、绿、紫三间色，蓝灰、紫灰、绿灰等常见的复色，以及黑、白、灰无彩色等，幼儿可以学习感受冷色调与暖色调。色彩的明度是色彩的明暗程度，学前儿童需要学习辨认色彩之间明度的高低，了解一种原色加黑和一种原色加白所造成颜色明度的变化。色彩的饱和度（又称彩度、纯度）是色彩鲜明程度的高低，原色的彩度越高，颜色越鲜艳，原色中加黑白灰等颜色后，彩度就低，颜色则变灰。

第二，色彩的运用。学前儿童学习色彩，主要涉及主体色与背景色关系的处理，以及色彩的装饰和色彩的情感表现等方面，随类赋彩，即根据物体的固有色来着色。主体色与背景色关系的处理是把握画面上各形象的颜色与画面底色之间的关系，幼儿可通过尝试色彩的对比、渐变、重复、过渡等方法表现画面主体与背景之间的色彩关系。色彩的装饰是画面上各种色彩的面积、位置以及形状之间的协调，幼儿可以通过有层次、有主调地配置同种色、类似色、对比色等的变化来实现色彩的装饰。色彩的情感表现是运用主观知觉来构成画面的色彩，学前儿童可以学习运用色彩来表现高兴、伤心、愤怒等常见的基本情绪。

活动方案八：甜甜的月饼（大班手工）

活动背景：

月饼，又称月团、小饼、丰收饼、团圆饼等，是中国的汉族传统美食之一。月饼最初是用来拜祭月神的供品。

祭月，在我国是一种十分古老的习俗，实际上是古人对"月神"的一种崇拜活动。中秋节赏月和吃月饼是中国各地过中秋节的必备习俗，俗话说，"八月十五月正圆，中秋月饼香又甜"。月饼象征着大团圆，人们把它当作节日食品，用它祭月、赠送亲友。人们把赏月与食月饼结合在一起，寓意家人团圆、寄托思念。同时，月饼也是中秋时节朋友间用来联络感情的重要礼物。那时的月饼是菱花形的，和菊花饼、梅花饼、五仁饼共存，并且是"四时皆有，任便索唤，不误主顾"。

清代以来，月饼在质量、品种上都有新发展。原料、调制方法、形状等的不同，使月饼更为丰富多彩，形成了京式、苏式、广式等各具特色的品种。月饼不仅是别具风味的节日食品，而且成为四季常备的精美糕点，颇受人们欢迎。

生活中的月饼

活动目标：

1. 使幼儿知道中秋节的由来，知道中秋节吃月饼的传统习俗，体验节日的欢乐气氛。

2. 通过观察，熟悉月饼的形态特征，了解花纹在月饼上的分布。

3. 在搓圆和压扁的基础上制作月饼，学习用辅助材料在月饼上印花纹。

4. 使幼儿对泥工活动产生兴趣，有表现简单物体造型的能力。

活动准备：

1. 经验准备：幼儿见过、吃过月饼。

2. 物质准备：

（1）教师材料：不同种类馅料的月饼，各种各样的月饼图片课件，做月饼的一段视频。

（2）幼儿材料：彩泥、白纸盘、泥工板、塑料小刀、各种月饼模具。

活动过程：

1. 情境导入，教师出示月饼课件，并和幼儿进行互动，引起幼儿兴趣。

2. 教师出示实物月饼，让幼儿了解花纹在月饼上的分布，观察月饼边缘、中心的纹样有什么不同。

3. 老师讲解并示范怎样用彩泥制作月饼：将彩泥搓圆再压扁，然后在泥面上用工具画花纹，或用模印的方法制作月饼。

4. 幼儿创作，教师巡回指导。教师要鼓励幼儿大胆绘制花纹，对于不同进度的幼儿给予不同的指导。

活动评价：

1. 做好的月饼放在白盘子里，布置在班级月饼展览会。

2. 请幼儿从外形、色彩、花纹等方面讲一讲自己制作的月饼，同其他幼儿一起欣赏。

活动延伸：

将幼儿做的月饼包装起来，在公共区域进行展示。

教学活动建议：

1. 教师应创造更多的机会让幼儿进行泥工活动，让幼儿掌握一些泥工的基本方法：搓、团、拍、捏、挖、分泥、连接、伸拉等，运用这些方法可以塑造出球体、椭圆体、圆柱体、立方体、长方体等形状，再进行组合。支持幼儿在玩中学、做中学，塑造立体形象，感知空间，锻炼手指灵活度。

2. 欣赏与评价的重点在于制作过程及整体感，不要过于追求精致与精细。

活动作品展示：

幼儿泥工作品《月饼》

教育资源小贴士

1. 月饼品种知识拓展

月饼内馅多采用核桃仁、杏仁、芝麻仁、瓜子、山楂、莲蓉、红小豆、枣泥等，对人体有一定的保健作用。

月饼的品种异彩纷呈，根据中国本土月饼和中西方饮食文化结合产生的新式月饼。传统月饼按产地分的有：京式月饼、晋式月饼、广式月饼、滇式月饼、潮式月饼、苏式月饼、台式月饼、港式月饼、徽式月饼、衢式月饼、秦式月饼甚至日式等；就口味而言，有甜味、咸味、咸甜味、麻辣味；从馅心讲，有桂花、梅干、五仁、豆沙、玫瑰、莲蓉、冰糖、白果、肉松、黑芝麻、火腿、蛋黄等；按饼皮分，则有浆皮、混糖皮、酥皮、奶油皮等；从造型上又有光面与花边之分。

2. 技法材料

月饼模，俗称月饼印，是制作月饼的工具，最早可追溯到宋朝，但流传至今的月饼模子以明清和民国时期的居多。旧时，几乎家家户户在过中秋时都自己制作月饼，饼模多为自制，不同年代的印模形式千姿百态，图案丰富多样，蕴含了人们朴素的思想情感和对美好生活的向往。它将生活和艺术合二为一，历经百年仍韵味犹存，是凝结我们民族情感的实用器和艺术品。

月饼模的造型和题材均不同程度地受到民俗民风和地域的影响。南方地区以体积小巧、造型多样为特色。而北方地区则体积大、造型单一，并且基本以圆形为主，直径一般都在10厘米左右，大者有15—20厘米的。题材有人物、动物和花卉图案等，多以"嫦娥奔月""十二生肖""吉祥花草"等寓意吉祥的纹饰为主，并且大多配有"福""禄""寿""禧""五谷丰登""合家团圆""丰收""中秋"等表达祈福纳祥的文字。

可以说，月饼模子是对中秋节民俗演化的一种记录和存档，它的艺术形态是几千年历史文化的积淀，也是民间传统审美观念的物化，在一定意义上展现出了中国民间传统的艺术体系和造型体系。

活动方案九：各式各样的月饼（大班欣赏）

活动背景：

月饼上的纹样颇有讲究，不同纹样的月饼都代表着不同的寓意。透过纹样，我们依稀可以窥见千百年前古人在绘制月饼图案时赋予的对家人、友朋的深厚感情，以及对生活的美好憧憬。月饼的纹样大致分为三类：生活类纹样、神话类纹样以及寓意类纹样。

生活类纹样主要是人物、动物、植物等相关图案的表现。古时，富贵人家、商人、文人最常用生活类纹样，因为透过生活类纹样可以彰显他们显赫的地位、抒发内心的情怀。富贵人家选月饼，通常会选择龙凤、牡丹花等标志的图案，以彰显身份的富贵。而商人憧憬自己可以更加富裕，就会选择金鱼、元宝、蟾蜍之类的图案，寓意"刘海戏金蟾，步步钓金钱"。文人为了表达自己纯洁、正直的品质，则会选择喜竹、菊花、莲花、鲤鱼等图案。

神话类纹样，源自千年前古人们对民间神话传说的敬畏之情。正是这份敬畏，这些神话才会延续至今。而代代相传的方式之一便是把这些神话印刻在月饼上，常见的有"嫦娥奔月""后羿造饼""吴刚伐桂""玉兔捣药""十二生肖"等耳熟能详的传说。

寓意类纹样，多体现为刻有福、禄、寿、禧、五谷丰登、阖家团圆、吉祥等字样。在古代，人们通常会选择带有寓意类纹样的月饼去赠送给身边最重要、最尊贵的人，借用月饼的吉祥寓意来传达自己对他人的美好祝愿。

《3—6岁儿童学习与发展指南》指出，艺术是人类感受美、表现美和创造美的重要形式，也是表达自己对周围世界的认识和情绪态度的独特方式。引领幼儿欣赏活动中的美是幼儿园美术教育中的重要内容。幼儿对月饼很感兴趣，月饼也是幼儿很熟悉的一种美食。通过制作月饼的泥工活动，让幼儿了解月饼上纹样的寓意，了解月饼文化，在提高其欣赏能力的同时感受生活中的美。

赏月饼

活动目标：

1.欣赏、感知各种各样的月饼，使幼儿了解月饼的多样性。

2.初步了解月饼上的纹样所代表的意义。

3.让幼儿表达自己对月饼的理解，体验人们吃月饼过中秋节的传统过节方式。

活动准备：

1.经验准备：幼儿有吃过、做过月饼的经验。

2.物质准备：

（1）教师材料：月饼图案、纹样课件。

（2）幼儿材料：签字笔、白色图画纸。

活动过程：

1.初步欣赏月饼上的图案纹样，讨论这些纹样都代表什么意思。

2.讨论月饼纹样的来历和象征意义。

3.幼儿进行创作，教师巡回指导。

活动延伸：

幼儿创作的纹样作品可以布置在班级美工区，用于环境展示。

教学活动建议：

1. 教师应通过多种方式帮助幼儿表达美术欣赏活动中的审美体验，积极开展贴近儿童生活经验的美术欣赏活动。

2. 教师应重视美术欣赏活动中欣赏过程与结果的整合。

教育资源小贴士

签字笔

签字笔是指专门用于签字或者签样的笔，有水性签字笔和油性签字笔。以前用钢笔，现在钢笔逐渐由中性笔代替了，所以把这类笔都统称为"签字笔"。水性签字笔一般用于纸张上，如果用于白板或者样品上很容易被擦拭掉；油性签字笔一般用于样品签样或其他永久性的记号，油性签字笔很难拭擦，但可以用酒精等物清洗。

第二节　传统文化中的美术

一、传统美术的文化内涵

中国传统美术是民族文化中重要的组成部分，是构成民族文化的基石。它是由广大人民群众用独特的艺术语言创造的艺术形式，散发着浓郁的生活气息，彰显着鲜明的民族特色，充盈着人们美好的思想情感和独特的审美趣味，充分发挥了劳动人民丰富的想象力和创造才能，凝聚着中国的民族文化和民族精神。

传统美术是劳动人民的美的创造，是一切的渊源和基础。它反映与表现着特定的民族心理和民族性格，也影响着特定民族心理和民族性格的形成和发展。传统美术最能唤起人们的民族情感。传统美术造型的、可视的性质，使它成为传统文艺中最直观和最具普及性的形式，把人民的物质生活和精神生活融合在一起。

传统美术渗透于人们衣食住行的各个方面，显示出中华民族的民族气质和民族风格，它长期根植于人民，来源于生活，有极大的广泛性和普及性。在幼儿园传统美术教育活动中，可以挖掘传统美术中适宜幼儿的一些内容，如：水墨、剪纸、撕纸、扎染、线描等，注重传统文化的传承以及传统文化对于幼儿的影响，这不仅能促进美术对我国传统文化的传承与发展，也有助于开阔幼儿的文化视野，使幼儿了解民族文化，对于幼儿的发展具有积极意义。

二、传统美术中幼儿园教育活动方案

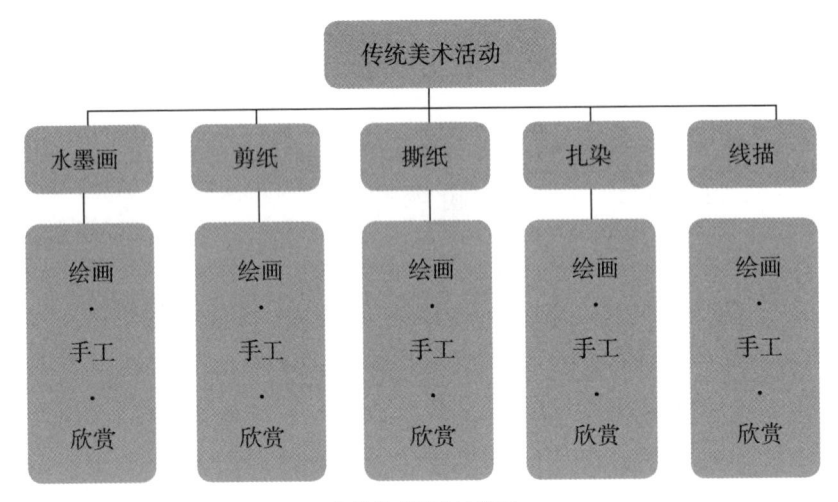

```
                    传统美术活动
        ┌──────┬──────┼──────┬──────┐
      水墨画   剪纸   撕纸    扎染   线描
        │      │      │      │      │
       绘画   绘画   绘画   绘画   绘画
        ·      ·      ·      ·      ·
       手工   手工   手工   手工   手工
        ·      ·      ·      ·      ·
       欣赏   欣赏   欣赏   欣赏   欣赏
```

传统美术活动结构图

（一）水墨画

水墨画是中国画的一种表现形式，一般指用水和墨创作的绘画作品。由墨色的焦、浓、重、淡、清产生丰富的变化，表现物象，有独到的艺术效果。水墨画是绘画的一种形式，更多时候，水墨画被视为中国传统绘画，也就是中国画的代表。基本的水墨画只有黑白两色，墨为主要原料，加入清水的多少会形成浓墨、淡墨、干墨、湿墨、焦墨等，画出不同浓淡（黑、白、灰）的层次，别有一番韵味，被称为"墨韵"。

水墨画的用笔、用墨、用色，经历代画家长期实践，积累了极其丰富的理论及技法经验。画家的个性不同，对于笔墨的使用也不同。所谓用笔无定法，"神采生于用笔"，笔之所到，留下了画家情感活动的痕迹。平淡天真、不露锋芒、简率蕴藉、遒劲温和等，成为笔法的基本要求。在欣赏中国画时，要十分仔细地观察和欣赏画面的笔墨气势。优秀的笔法是纵横飞走，有神气、有活力，拙劣的笔法是僵死的；优秀的笔法是苍老浑厚的，拙劣的笔法是污浊邋遢的；优秀的笔法是雄劲有力的，拙劣的笔法是软弱无力的。

水墨画家往往与文人画家相重合，水墨画史的盛衰与文人画史的荣枯亦存在着紧密的联系。宋元之后，文人艺术家居于主流地位，从元四家、董其昌、徐渭、四王、四僧、扬州八怪，直到吴昌硕和黄宾虹，都以文人画家的素养支撑着水墨画艺术的高度成就。画品的人格化、画艺的人本化、画家的文人化过程，将水墨画锻造成一种融汇诗书、涵泳情怀、讲究形式趣味的精英艺术，而在民间彩绘、宫廷院体等诸多绘画形态的映衬下，代表着中华民族绘画的最大特性和最高水平。

活动方案十：蛙声十里出山泉（小班绘画）

活动背景：

《蛙声十里出山泉》是齐白石为中国文学家老舍画的一张水墨画。齐白石用焦墨画了两壁山涧，中间是湍急的水流，远方用石青点了几个山头，水中画了6只顺水而下的蝌蚪。青蛙妈妈在山的那头，蛙声仿佛顺着山涧飘了出来。

作品《蛙声十里出山泉》后来被收入《齐白石全集》中，且印成了邮票，成为齐白石的代表作之一，名扬海内外。我国第一部水墨动画片就是以它为原型设计制作的，深受大家的喜爱。

一年夏天，老舍到齐白石家做客，老舍从案头拿起一本书，随手翻到清代诗人查慎行一首诗《次实君溪边步月韵》，有意从诗中选取一句"蛙声十里出山泉"，请齐白石用画去表现听觉器官感受到的东西。齐白石经过几天的认真思考，根据老舍写给自己的信件内容"蛙声十里出山泉，蝌蚪四五，随水摇曳，无蛙而蛙声可想矣"中的"出山泉"三字得到了启示，就在"泉"上作文章。齐白石凭借几十年的艺术修养以及对艺术的真知灼见，经过深思熟虑，画成了《蛙声十里出山泉》。

《幼儿园教育指导纲要（试行）》提出，引导幼儿接触生活中美好的事物和感人事件，丰富幼儿的感性经验和情感经验，让幼儿欣赏艺术作品，激发幼儿产生表现美和创造美的愿望。

此次活动采用水墨画的表现形式，对小班幼儿是一种挑战，从欣赏到创作，开拓了幼儿的思路，使幼儿懂得欣赏和感受美术作品中的美。更重要的是，水墨画活动增加了幼儿对运用不同材料进行美术创作的兴趣。

齐白石水墨作品《蛙声十里出山泉》（局部）

活动目标：

1. 引导幼儿初步尝试用毛笔画小蝌蚪，感受粗细浓淡的变化。

2. 鼓励幼儿大胆地进行水墨画创作，体验水墨的乐趣。

3. 练习使用毛笔，锻炼手指的灵活度。

活动准备：

1. 经验准备：幼儿观看过小蝌蚪，认识毛笔、基本掌握握笔姿势。

2. 物质准备：

（1）教师材料：水墨动画片《小蝌蚪找妈妈》课件、《蛙声十里出山泉》作品图片及细节图。

（2）幼儿材料：生宣纸、毛笔、墨汁、笔洗、罩衣、毛毡、水。

活动过程：

1. 情境导入，播放电影片段《小蝌蚪找妈妈》，引发幼儿兴趣，感受画面的趣味性。

2. 教师展示《蛙声十里出山泉》作品图片，引导幼儿观察画面中小蝌蚪的颜色、形态。

3. 探索表现方法：教师带领幼儿一起回忆之前参加过的好玩的水墨活动，引导幼儿感知水墨画的特点以及水和墨汁的运用、点和线的运用。教师和幼儿一起探索怎样才能画出小蝌蚪胖胖的身体和细细的尾巴。

4. 幼儿创作，教师巡回指导。教师向幼儿介绍水墨工具、材料和活动常规。

活动评价：

1. 请小朋友说一说自己是如何用毛笔画的小蝌蚪的外形。

2. 教师从粗细、浓淡、干湿等方面评价幼儿作品。

活动延伸：

在美工区投放水墨材料，供幼儿进行水墨活动。

教学活动建议：

1. 以欣赏的形式进行水墨活动，感受是非常重要的，教师要引导幼儿在欣赏中学、在欣赏中探索。

2. 教师应观察幼儿使用墨的情况，了解幼儿能否在创作中发现粗细、浓淡的变化。

活动作品展示：

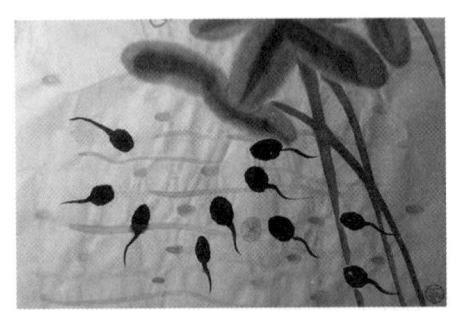

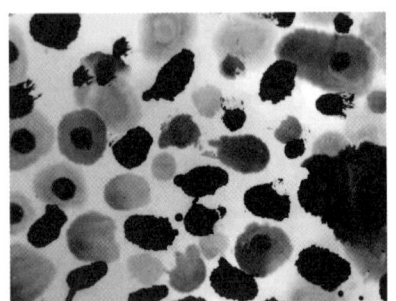

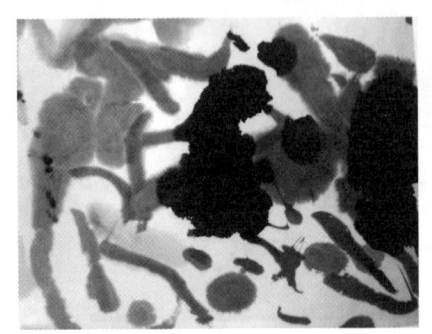

幼儿水墨作品《小蝌蚪》

教育资源小贴士 ✏️

1. 齐白石

齐白石(1864—1957),现代中国画家、书法家和篆刻家。湖南湘潭人。原名纯芝,字渭清,后改名璜,字濒生,号白石,别号借山吟馆主者、寄萍老人、三百石印富翁、杏子坞农民、借山翁、湘上老农等。家贫,早年做过雕花木工。后拜民间艺人为师学画。1902年应聘赴西安教画,此后又赴江西、广西、广东等地游学,被称之为"五出五归"。1917年赴北京,结识陈师曾、陈半丁等中国画家。1919年定居北京。1927年,在北京艺专任教。1937年北平沦陷,谢绝见客,门悬"书画不卖与官家"的告白,以反抗日寇及汉奸的骚扰。1949年后历任中央美术学院名誉教授、中央文史研究馆馆员、中国美术家协会主席等职。1953年九十寿辰之际,文化部授予"中国人民杰出的艺术家"荣誉奖。1955年德意志民主共和国艺术科学院授予他通讯院士荣誉奖。1956年世界和平理事会授予他"1955年国际和平奖金"。1963年被世界和平理事会选为世界文化名人。齐白石一生,跨清末、民国和中华人民共和国三个时期,先后在农村和城市生活了近一个世纪。他把丰富的生活阅历凝结为诗歌、绘画和书法、篆刻,全身心地歌颂生命、自然,歌颂勤劳朴素的人生,留下了数以万计的作品,包括草虫花鸟、山水、人物绘画、书法、篆刻、诗作等。他始终坚守着从传统艺术自身求新求变的途径——由俗入雅,雅俗共赏,把时代审美需求与个人志趣结合起来。他的成功表明,传统绘画除了融中西为一体的途径外,也能够通过体系自身的吐故纳新,特别是借助于文人与民间两种传统的融合,求得现代化并达到一个空前的高度，从而使他成为20世纪中国画坛最具创造性和影响力的中国画大师。他的代表作有《虾》《蟹》《牡丹》《牵牛花》《蛙声十里出山泉》等，出版有《齐白石全集》等多种画册和诗文。（奚传绩）

（选自奚传绩主编《美术教育词典》，人民教育出版社2009年版，第118页）

2. 文房四宝

文房四宝是中国传统文化用品笔、墨、纸、砚的通称，是中国劳动人民的创造和智慧结晶。它不仅是几千年来中国传统的文化用品、中国画创作使用的工具材料，而且是中国传统文化和中华文明的一个象征。中国毛笔的种类是多种多样的，安徽宣城地区的"宣笔"、浙江湖州市的"湖笔"尤为著名。墨分油烟和松烟两大类。选择墨主要看墨色，发紫的最佳，发黑的次之，发青的又次之，发白的为最差。安徽歙县的"徽墨"最为著名，以"点墨如漆，万载存真"而著称。中国传统的纸主要是指中国书画艺术的特殊用纸——安徽宣城市生产的"宣纸"。它分熟宣和生宣两种。前者是用矾水加工过的，水墨不容易渗透，可反复地上色，适宜作工笔画。生宣纸是不经过矾水加工的，水墨容易渗透，能产生丰富的笔墨变化，写意画多用生宣纸。宣纸由于原料考究、工艺精湛，具有"千年寿纸"的美称。砚，是磨墨用的，要求细腻滋润，容易发墨，且墨汁细匀无渣。广东肇庆市的"端砚"、安徽歙县的"歙砚"最为著名。（奚传绩）

（选自奚传绩主编《美术教育词典》，人民教育出版社2009年版，第318页）

3. 工具材料

笔 中国画笔的种类很多，通常把笔分成硬毫、软毫、兼毫三类。狼毫属于硬毫，挺拔、有弹性，常用于勾线，有叶筋、衣纹、山水、兰竹等；羊毫属于软毫，笔性柔润，吸水饱满，一般用于渲染着色；兼毫是在羊毫中掺入其他硬毫制成，软硬适中，能勾能染，有大白云、中白云、小白云等。

墨 分油烟和松烟两大类。油烟是用桐油和胶制成，一般胶重一些；松烟是直接以松取烟和胶制成，一般胶轻一些。一般作画多用油烟，它黑而有光泽，画时要现磨墨。磨好的墨汁可浓不可淡，浓了可以加水冲淡，淡了作画效果不好。

纸 分宣纸和皮纸。以水的渗透力来区分生宣和熟宣，写意画需要用渗透力强的生宣，也可以用皮纸或高丽纸，以达到水晕墨章的变化效果；工笔画要用熟宣，也可以用绢，便于勾勒和反复涂染。

砚 以石细腻、不吸水、易下墨为上。

活动方案十一：可爱的小蝌蚪（小班手工）

活动背景：

撕纸是小班幼儿很喜欢的一种活动，它不仅能锻炼手部肌肉的精细动作，还可提高手眼的协调性，纸被撕碎时发出的声音以及撕后的形状能引起他们极大的兴趣。结合最近欣赏过的齐白石的《蛙声十里出山泉》，小朋友们对小蝌蚪产生了浓厚的兴趣，恰好园所里的植物角也养了小蝌蚪，于是根据幼儿的年龄特点、兴趣和经验，设计了撕纸拼贴的活动。

水墨作品中的小蝌蚪

活动目标：

1. 学习撕点状物、粘贴等简单技能，通过活动提高幼儿的手部肌肉和手眼协调能力。

2. 通过撕纸拼贴的方式引导幼儿体验创作的乐趣，激发幼儿的想象力和创造力。

3. 保持桌面与地面整洁，养成良好的操作习惯。

活动准备：

1. 经验准备：幼儿观看过小蝌蚪、画过小蝌蚪水墨画、会使用胶棒。

2. 物质准备：

（1）教师材料：作品《蛙声十里出山泉》图片、小蝌蚪图片。

（2）幼儿材料：各色彩纸、胶棒、黑色卡纸。

活动过程：

1. 情境导入，教师展示《蛙声十里出山泉》图片，引导幼儿回忆此前创作小蝌蚪的水墨活动。

2. 教师展示《蛙声十里出山泉》作品中小蝌蚪的局部图，引导幼儿观察小蝌蚪的外形。

3. 探索表现方法，教师示范撕点状纸，把撕下来的小纸片贴在卡纸上。

4.幼儿进行创作，教师巡回指导，教师要仔细观察每个幼儿，指导个别幼儿掌握撕纸的动作。

活动评价：

在班级美工区进行作品展示，幼儿自由欣赏。

活动延伸：

在美工区投放材料及工具，让幼儿继续练习撕点状物的方法，进行撕纸拼贴活动。

教学活动建议：

1.提供的纸不宜太大，因为幼儿的手控制能力不强，撕起纸来比较费力，易产生畏难情绪，从而对活动失去兴趣。

2.活动区提供多种材料供幼儿操作，锻炼其手指的灵活性和手的控制能力。

教育资源小贴士

齐白石《蛙声十里出山泉》欣赏

齐白石把"蛙声"这一可闻而不可视的特定现象，通过笔墨表现出来。画面上没有蛙，却有如闻蛙声之感，绝妙之至。齐白石在四尺长的立轴上，用简略的笔墨勾勒远山，山涧的乱石中泻出一道急流，6只蝌蚪在急流中摇曳着小尾巴顺流而下，蝌蚪们不知道它们在不知不觉中已离开了青蛙妈妈，还活泼地戏水玩耍。人们见到游荡在溪水中的摇头摆尾活灵活现的蝌蚪，自然会想到蛙和蛙的叫声。根据画面，可以联想到画外因为失去蝌蚪而大声鸣叫的蛙妈妈，似乎那蛙声随着水声由远及近。虽然画面上不见一只青蛙，但远处的蛙声仿佛正和着奔腾的泉水声，演奏出一首悦耳的乐章，连成蛙声一片的效果。真是画中有画，画外还有画，诗中有画，画中有诗，声情并茂，惜墨如金，使人产生无尽联想！

该画不是直接去描写那些鼓腮鸣叫的青蛙，在对"远山""山涧""急流""蝌蚪"的处理上，齐白石对"诗中有画、画中有诗"驾驭得游刃有余。由于齐白石对"时""空"领域的熟练掌握，才能在画面上表现得那样闲庭信步。在齐白石的《蛙声十里出山泉》中，诗情画意榫凿相吻、水乳交融，充满了浓郁的艺术魅力。

活动方案十二：群虾图（小班欣赏）

活动背景：

齐白石是享誉世界的国画大师，尤以画虾最负盛名。他画虾的最大特点是一个"活"字，其自创的"以水兑墨，墨中点水"的方法，使他画的虾给人一种通体透明、晶莹逼真之感，令人称叹。在幼儿欣赏活动中，教师可将虾的动态作为欣赏的重点，在欣赏的同时引导幼儿注意观察虾身体上墨色浓淡的变化，充分感受虾的"活"。

齐白石从小生活在水塘边，常钓虾玩，青年时开始画虾，40岁后临摹过徐渭、李复堂等明清画家画的虾。63岁时，齐白石画的虾已经很逼真，但还不够"活"，便在碗里养了几只长臂虾，置于画案，每日观察，画虾之法也因此而变。此后,虾成为齐白石代表性的艺术符号之一。

齐白石画虾表现出了虾的形态,活泼、灵敏、机警、有生命力。因为齐白石掌握了虾的特征,所以画起来得心应手,寥寥几笔,用墨色的深浅浓淡,表现出一种动感。一对浓墨眼睛,脑袋中间用一点焦墨,左右两笔淡墨,使虾的头部变化多端,硬壳透明、由深到浅。而虾的腰部,一笔一节,连续数笔,形成了虾腰由粗渐细的节奏。齐白石用笔的变化,使虾的腰部呈现出各种状态,有躬腰向前的,有直腰游荡的,也有弯腰爬行的。虾的尾部也是寥寥几笔,既有弹力,又有透明感。虾的一对前爪,由细至粗,数节之间直到两螯,形似钳子,有开有合。虾的触须则用数条淡墨线画出。

齐白石水墨作品《虾》

齐白石水墨作品《虾》

活动目标：

1.欣赏齐白石画的栩栩如生的虾，感受粗、细、浓、淡的墨色和线条，感受他的作画风格。

2.使儿童了解墨色分浓淡、线条有粗细的道理，并学习浓、淡的不同用法。

3.使儿童体验宣纸和毛笔作画的乐趣。

活动准备：

1.经验准备：幼儿欣赏并画过水墨画。

2.物质准备：

（1）教师材料：水墨作品《群虾图》、虾的视频资料、齐白石作品图片若干张。

（2）幼儿材料：毛笔、墨汁、生宣纸、国画颜料、毛毡、湿毛巾、笔筒、水。

活动过程：

1.欣赏作品《群虾图》，进一步感知齐白石水墨画中虾的独特。

2.观看虾游动的视频，了解虾的外形特征和动态，为下一步作画做好充分的准备。

3.表现创作。

活动延伸：

将材料投放在水墨区，供幼儿随时操作。

教学活动建议：

1.教师要关注幼儿对活动感兴趣的程度并及时予以鼓励，增强幼儿的自信心。

2.教师作为观察者，不应干涉幼儿的创作，在幼儿需要时再给予具体的帮助。

3.教师观察幼儿使用毛笔的情况，了解幼儿是否能够灵活地运用毛笔。

活动作品展示：

幼儿水墨作品《小虾》

教育资源小贴士

1.齐白石《虾》（中国画　纸本水墨）

虾是齐白石喜爱的题材之一。他画的虾，精确的形态，外硬内柔而又透明的身躯，以及虾在水中浮游的动势，都精确而生动地表现出来了，真是栩栩如生。但是细看画中的笔墨，却是非常简练，不能多一笔，也不能少一笔，笔画历历可数。之所以能达到这种境界，是与他长期的观察、摸索分不开的。这中间有对虾的形态和生活习性的仔细观察研究，也有对笔墨纸张如何适应画虾要求的钻研，如利用不同含水量的笔墨在宣纸上渗化的特殊效果，表现出虾体的透明感。（奚传绩）

（选自奚传绩主编《美术教育词典》，人民教育出版社2009年版，第160页）

2. 技法材料

（1）宣纸

因原产安徽宣州（今安徽泾县）故称宣纸。宣纸始创于唐，历代沿用至今。宣纸的传统制法是用沥筐手工捞纸浆晾干而成，从制浆到成纸有许多道复杂的工序。现在也有用机器生产的宣纸称机宣。做宣纸的原料很讲究，主要有青檀、楮、桑树皮和竹、麻等。用这些具有柔韧性的植物纤维经泡洗、煮沸、捣烂，调制成纸浆。宣纸质地绵韧细密，表面洁白纯净，纹理清晰柔和，古代人称赞其"莹润如玉""冰翼凝霜""滑如春水""冰密如茧"。宣纸能充分显现墨色的丰富层次和色晕，是中国书画必不可少的用纸，宣纸的特性形成了中国书画艺术独特的形式和风貌，它不失为我国古代一项伟大的创造。宣纸的品种非常之多，根据配料的不同，可分为棉料类、净皮类、特净类三大类，又分成单宣、夹宣、双夹宣等多种，纸名有"单宣""玉版""净皮""夹贡""棉连""十刀头"，等等。宣纸还有生宣、熟宣之分，熟宣是生宣经上矾、涂色、撒金、施蜡、撒云母等方法加工过的宣纸。加工后的熟宣不再具有生宣易吸水、强渗化的性质，可画极细的线条而不必担心墨色晕渗走形，而且纸质坚韧耐磨，是工笔画精描细绘、反复染晕的好材料。常见工笔画用熟宣有"蝉衣""蝉羽"等。涂色和撒金宣纸使纸的色种和表面纹理更呈多样，如"冷金""灰金""金花罗纹""翠绿虎皮""玛瑙虎皮""鹅黄虎皮"等，从这些纸名就可见熟宣品种的丰富多彩。宣纸是我国传统纸工艺、染纸、纸扎的最理想材料。（胡国瑞）

（选自奚传绩主编《美术教育词典》，人民教育出版社2009年版，第325页）

（2）笔墨

这里所说的笔墨不是指作为工具讲的笔和墨，而是评价中国画的传统术语，主要是指作者通过用笔用墨所达到的一种艺术境界。清代著名花鸟画家恽南田说"有笔有墨谓之画"，很能代表中国画传统中对笔墨的重视。齐白石画的虾之所以那么生动传神，一方面得力于他对现实生活中的虾的形态及其运动规律有着深入的观察和研究；另一方面也是依靠他深厚的用笔用墨的功力，他能熟练地将用笔用墨的方法巧妙地结合起来，又充分地发挥了宣纸的性能，才使画中的虾那样活灵活现，所以，掌握中国画的笔墨技法，是中国画家的基本功之一。（奚传绩）

（3）墨分五色

中国画技法术语。指中国画用墨的方法，即以水调和墨色的浓淡干湿，生动地表现物象。所谓"五色"，历来说法不一，一般指焦、浓、重、淡、清，也有人指浓、淡、干、湿、黑。以上说法无论哪种实则都是指墨色的丰富变化。（李祥）

（4）六彩

中国画技法术语。中国画的用墨方法，有"墨分五色"之说，将纸的白色也作为一色，即为"六彩"之称，在作水墨画时，运

用此法，可得阴阳明暗、苍翠秀润、凹凸远近之效果。（李祥）

（5）焦墨

中国画的一种用墨法。它的特点是墨色极浓、含水分很少。一般不大使用焦墨，但也有画家专用焦墨作画，著名的如清代的龚贤，近现代的黄宾虹、张仃。（奚传绩）

（6）破墨

中国水墨画的一种用墨技法，为使墨色浓淡相互渗透掩映，达到鲜活滋润之效果，或用浓墨破淡墨，或用淡墨破浓墨。（李祥）

（7）泼墨

中国画的一种技法，泛指用酣畅淋漓的墨色、豪放的笔势来描绘物象的画法。（李祥）

（8）泼彩

中国画的一种画法，用色时大面积泼洒，形成一种奔放潇洒的艺术效果。（李祥）

（9）积墨

中国山水画的一种用墨技法，即由淡及深，逐渐渍染。（李祥）

（10）皴法

中国画技法名，用以表现山石的不同地质结构和状态。表现山石的皴法主要有：大小斧劈皴、披麻皴、解索皴、牛毛皴、雨点皴、卷云皴、折带皴、荷叶皴等。这是中国古代画家在艺术实践中，根据各种山石的不同地质结构和状态，加以概括而创造出来的表现程式。随着中国画的不断革新发展以及自然界的变化改造，中国画的皴法也将有新的突破和发展。（李祥）

> （11）钩斫
>
> 中国山水画技法名。画山石先钩出其外廓石纹，后在轮廓内用头重尾轻、形如斧斫的皴笔，来表现其明暗凹凸，此称之"钩斫"。（李祥）
>
> （选自奚传绩主编《美术教育词典》，人民教育出版社2009年版，第318—319页）

（二）剪纸

剪纸是中国民间美术中一个比较单纯的门类，因其材料价格低廉，制作简易，题材广泛，功用多样，而流行十分普遍。从某种意义上说，剪纸比较集中地反映了民间美术造型的思维特点，虽简括却多奇趣，于平易中见深奥。

从功能出发，剪纸可以划分为窗花、门笺、灯笼花、墙顶花、礼花等类。其中以贴在窗户上的窗花数量最大，逢年过节，中国民间从南到北，家家户户都红红火火地贴着它，可算是其他类剪纸制作和发展的基础。

民间剪纸的题材广泛，绝大多数是日常景物和一些家喻户晓的传说故事，主要运用象征的手法，通过谐音和寓意的方式，表现吉祥富贵、禳灾辟邪、多子多寿等主题。

谐音剪纸，是取某些动物、植物、器物的谐音，寓意吉祥富贵、长寿多子。例如：绳结、橘子、鸡谐"吉"音，羊谐"祥"音，蝙蝠谐"福"音，荔枝谐"利"音，扇子谐"善"音，芙蓉谐"夫荣"音，金鱼谐"金玉"音，鱼谐"余"音，鹿谐"禄"音，双钱谐"双全"音，花瓶谐"平"音。

寓意剪纸，是借某动物、植物、器物的有关属性、特征及其活动，引申含有祈福禳灾、长寿多子之意。寓意剪纸不像谐音剪纸那么直接和容易解读，有时显得比较隐晦、委曲或牵强，有时则具有较强的区域性而事出有典。例如：鸳鸯或龙凤寓意夫妻，蟠桃寓意祝寿，牡丹寓意富贵，龟、鹤、松柏寓意献寿，太阳、鸡、猴、鹰、鱼、葫芦寓意男性，月亮、龟、兔、蟾蜍、莲花寓意女性，鱼戏莲、鱼串莲、猴吃桃寓意男女相恋，石榴、葫芦寓意多子多孙……

从造型上来看，民间剪纸有以下几个特点：

第一，主观表现性突出，这集中体现在剪纸图案的直观性、随意性和符号性。例如在选材和构思阶段，剪纸注重观者的直观感受，选取最易于表现的角度，将物象、场景、情节等比较直接地纳入画中；在造型过程中，往往根据内容和画面本身的需要，做出随意而合情合理的组合。同时，剪纸的形象也因高度的简括、提炼而近乎抽象地符号化。

第二，剪纸的材料——纸张和剪刀，限定了剪纸造型的平面化、投影化和金石感。剪纸不以创造视觉的真实效果为目的，而是把三维空间的物象在平面中呈现，具体表现为物与物相重的透叠表现、无纵深透视的平面构成、多角度视觉的组合结构。其造型手法的本质是镂空，在力求简括、不断作减法造型中利用虚实相生的原理体现剪纸的造型特征，因而单色剪纸最能体现剪纸的造型特征。而剪刀作为剪纸形式构成的媒介或因素，使之形成了一种特有的金石感。

第三，在构成和表现上的两极倾向。构成倾向是指造型对形式规整化、秩序化的追求，如对称、均衡、粗率或细密、平直或浑圆等；表现倾向是指带有较浓厚的情绪意味的、即兴的造型。

第四，程式化。程式是一种比较稳定的样式。由于剪纸的非写实性以及较强的符号性和抽象性，并具有极端的构成和表现的倾向，因而剪纸造型具有程式化的特征。剪纸的程式化是使其某一方面的局限性转化为表现中的优势。而剪纸中相当数量的适合纹样，则从另一个方面加强了剪纸造型的程式化。

　　剪纸的主要色彩为红色，它用于节庆、礼仪的环境布置、器物装饰等，具有喜庆、吉利的意义。同时，红色在视觉感受上也易于唤起人们热烈、兴奋的情绪。粉红、绿、橙、紫色也常与红色进行搭配，起到陪衬和呼应的作用。在剪纸中，一些色彩有着特殊的含义，专用于相应性质的节令或礼仪活动。例如，黄色具有高贵、神圣及神秘的意义，专用于有宗教意义的对象和环境，而青、蓝、白多用于丧葬活动，具有哀悼的意义。

活动方案十三：十二月花（中班线描画）

活动背景：

　　《十二月花》是库淑兰早期的剪纸作品。库淑兰早期的作品简洁明朗、色彩绚丽，描绘着一幅幅生活百态图，牛羊猪狗、花草树木、房舍农具无一不活灵活现，动态自然。她的每一幅作品都配有或欢快酣畅，或辛酸讥讽，或风趣诙谐的歌谣，这些歌谣有的颂扬人生善恶，有的表现生活哲理，有的则述说文化感悟。

库淑兰剪纸作品《十二月花》

活动目标：

1.使幼儿能够与同伴一起谈论《十二月花》的话题，体验创作的快乐。

2.帮助幼儿用线描的方式画出剪纸《十二月花》的内容。

活动准备：

1.经验准备：幼儿观看过库淑兰的剪纸作品图片。

2.物质准备：

（1）教师材料：库淑兰《十二月花》的剪纸图片课件。

（2）幼儿材料：记号笔、白色图画纸。

活动过程：

1.情境导入，教师出示《十二月花》的图片供幼儿欣赏，激发幼儿的兴趣。

2.教师引导幼儿仔细观察剪纸作品，让幼儿说一说剪纸作品都有什么特点、自己有什么感想，并鼓励幼儿大胆地把自己想的内容用线描的方式表达出来。

3.探索表现方法，教师和幼儿共同探讨剪纸《十二月花》的颜色、纹样是如何画出来的，以及如何用线描表现剪纸的纹样和造型。

4.幼儿进行创作，教师巡回指导。教师要向幼儿介绍绘画工具以及画线描画时的方法。

活动评价：

1.幼儿介绍自己创作《十二月花》的过程，给自己的作品取一个好听的名字。

2.将幼儿作品布置在作品栏，使他们在与同伴的交流中充分体验成功。

活动延伸：

将不同材料及工具投放到美工区，供幼儿进行各种美术活动。

教学活动建议：

1.教师应重点引导幼儿观察构图，感受作者的表现手法。

2.鼓励幼儿大胆创作。

活动作品展示：

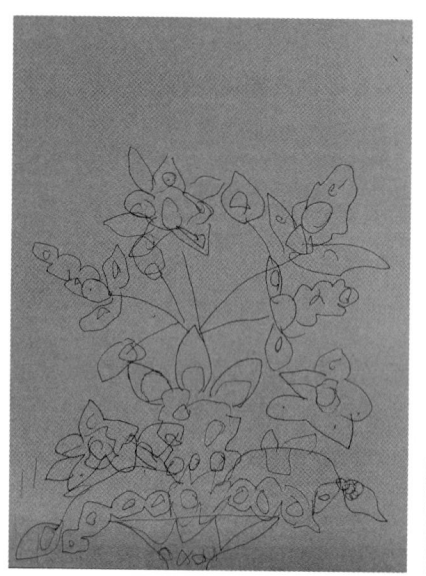

幼儿剪纸线描画《十二月花》

教育资源小贴士

1. 线画

　　线画是最简便、最直接用于表现形象的绘画手段，它在绘画艺术中始终占有重要地位。线画在原始绘画、儿童绘画中是最主要的表现形式，在绘画发展成熟阶段的写实绘画中也是重要手段。现代绘画有的追求单纯，有的追求抽象表现，线更是不可缺少的语言工具。

2. 线画工具材料的选择

儿童线画使用的工具比较简单，一支笔、一张纸就可以进行创作。选用不同的工具材料会产生不同的艺术效果。儿童线画以采用不能涂改的各种硬笔为好，低龄儿童一般多使用尼龙水笔、钢笔、签字笔、记号笔，年龄大的儿童所画的内容比较细致、复杂，可以选用笔头相对细的绘图笔、钢笔、签字笔等，也可以用炭铅笔、毛笔来画。

选择笔头的粗细程度要根据画幅大小和内容繁简程度决定，一般大幅画，可以选用笔头略粗些的笔，小幅画可以选择笔尖适当细些的笔，用细笔容易画得更加精细深入。

儿童线画用纸不必过于考究，一般的新闻纸、复印纸、高丽纸等都可以作为绘画材料。线画造型训练的目的在于使儿童在美术实践过程中了解、掌握和运用造型元素和造型组织原理进行创造性表现，帮助儿童发展潜在能力。在培养儿童的造型能力方面，哪些是儿童能够接受又需要首先掌握的基本知识，值得我们研究。

活动方案十四：牛（中班剪纸）

活动背景：

牛，十二生肖之一。牛毕生忠于主人、辛苦劳作、埋头苦干，只做贡献、不计回报。牛是"辛勤劳作、忠厚无私、默默奉献、诚实守信、尽职尽忠、敦厚温良"的典型，还有招财旺财、富贵吉祥的寓意。牛还代表着无病无灾、生机盎然，牛耕之时，正是春天的时候，牛也因此成为春天的象征，故牛也寓意勃勃生机、充满希望。牛谐音"扭"，更有扭转乾坤，象征生活美满、事业红火、牛气冲天。

牛对中国人的影响不仅表现在生产生活方面，更体现在对中华民族内在精神的塑造上，所以历代名家画牛，既表现出牛的动作和神态，又表现出牛的品性和精神，赋予牛人格化的魅力。牛在中华优秀传统文化的历史与发展中起到了积极作用，对中国人民社会生活、文化发展产生了深远影响。

幼儿园里有很多与牛有关的装饰，小朋友们也都很喜欢。幼儿剪纸不仅可以培养孩子手眼协调的操作能力和手指肌肉的灵活度，还能满足孩子的想象力和创造力，让幼儿获得成就感。因此，以剪纸活动为突破口，可以促使幼儿在艺术活动中大胆表现，达到提高审美能力和陶冶情操的目的。

库淑兰剪纸作品《牛》

活动目标：

1.使幼儿在剪纸创作的过程中体验剪纸的神奇与快乐。

2.让幼儿感受牛的造型，尝试运用剪纸方法剪出牛的形象。

活动准备：

1.经验准备：幼儿有剪纸经验，会使用剪刀，会收拾整理自己的材料。

2.物质准备：

（1）教师材料：库淑兰剪纸作品《牛》的图片课件。

（2）幼儿材料：红色卡纸、黑色卡纸、白色卡纸、胶棒、剪刀、塑料筐。

活动过程：

1.情境导入，播放课件，请小朋友们熟悉牛的造型，并说一说自己最喜欢的是图片中哪个造型的牛。

2.教师展示剪纸牛的图片，引导幼儿仔细观察牛的外形特征和纹样。

3.教师与幼儿一起探索如何剪出牛的月牙纹饰。

4.幼儿进行创作，剪好的作品贴在卡纸上。教师要巡回指导，关注幼儿的剪纸情况，并及时给予帮助。

活动评价：

展示作品，互相交流分享，从牛的外形、图案装饰等方面进行评价。

活动延伸：

将不同材料及工具投放到美工区，供幼儿进行各种剪纸活动。

教学活动建议：

1.教师应更多地为幼儿提供剪纸的机会，让幼儿有更多操作不同美术工具的机会。

2.在剪纸过程中，教师要针对不同幼儿进行个性化的指导。

3.培养幼儿在剪纸过程中的良好习惯，让幼儿合理有序地整理好自己的美术材料。

教育资源小贴士

1.生肖牛的传说

相传有一天，玉皇大帝要排十二生肖，定下了牛、虎、兔、龙、蛇、马、羊、猴、鸡、狗、猪、猫。玉皇大帝让它们第二天来排名次。那时猫和老鼠还是好朋友，猫对老鼠说："明天你早点叫醒我，我是十二生肖之一，明天我要上天去排名次。"老鼠一听就满口答应了。谁知第二天，老鼠醒来后并没有喊醒猫，而是自己上天了。玉皇大帝按牛、虎、兔、龙、蛇、马、羊、猴、鸡、狗、猪、猫的顺序排了顺序，并问小动物们有没有意见。大家都没有意见，只有老鼠提出了异议："我认为不应该选猫，它一点也不尊重您。您瞧，它现在还在睡懒觉呢，根本不把您要排十二生肖的事放在眼里。"玉皇大帝一看，猫果真还在睡大觉！于是他勃然大怒，一气之下，决定永远不允许猫再上天，并且还让老鼠顶替猫的位置。这时老鼠又说话了："我一定要排在第一位！""为什么？难道你的贡献比牛还大吗！""人们都认为我比牛大多了。"玉皇大帝没有办法，只好让人们来评判。于是老鼠就来到大街上，从大街上跑过去，看见老鼠的人都大叫着："大（打）老鼠啊，大（打）老鼠啊……"玉皇大帝听了，于是，就把老鼠放在了第一位。

2. 生肖年画

十二生肖年画与年节的关系非常密切,其中有一些身兼历书,象征着喜庆祥瑞。生肖年画有整套全绘,也有只画当年生肖的。例如清代河北武强的年画《莲生贵子图》,图案是身躯环绕、连绵不断的小孩,寓意着"连生贵子",外绕属相图案,象征着多子多福。

天津杨柳青、山东杨家埠、苏州桃花坞、四川绵竹是我国四大民间年画,都有生肖题材。清代天津的杨柳青年画有一组四扇屏,为十二幅仕女观赏十二生肖动物,每幅一种。山东的杨家埠也有十二娃娃抱十二动物的生肖年画。这些生肖年画惟妙惟肖,受到广大民众的喜爱。

3. 生肖邮票

我国于1980年2月15日首发生肖邮票,第一枚猴票面值0.08元,图案出自画家黄永玉大师,画的是一只憨态可掬的小猴;邮票由邵柏林设计,以吉庆红为底,金粉涂描猴面,影雕套印。当时这张猴票的发行量仅500万,截至2015年,单张的市值已经达到了1.2万元,大整版更是价值百万。

第一轮生肖邮票(1980—1991),交替采用彩色与白色相衬的装饰图案。第二轮邮票(1992—2003)票幅为2枚,一枚是生肖形象的民间工艺品,另一枚是生肖汉字书法,多种民间艺术如年画、泥塑、剪纸、皮影、布艺等,以及不同书法风格融入其中。第三轮(2004—2015)票幅恢复为1枚,规格为矩形,采用了较多的现代设计理念,表现手法很时尚,有明显的卡通风格,但又在不同程度上借鉴了传统色调和民间传说。第四轮(2016—2027)票幅恢复为2枚,2020鼠年邮票由韩美林大师设计,主题为"子鼠开天""鼠兆丰年"。

活动方案十五：剪花娘子（中班欣赏）

活动背景：

"剪花娘子"是库淑兰晚年的主要创作主题。这个女神雍容华贵，仪态万方。她既是库淑兰心中的偶像，又是一个完美的艺术构图。这个艺术构图充分彰显了当地人朴素的审美观，即"大脸盘高鼻梁，肤色白皙眼睛大眼黑多口型小"的人是为美人。

剪花娘子可以说是库淑兰创造的自画像，她以极大的精力去装点心目中的完美形象。剪花娘子的创作姿态都是正面像，上半身基本形式相同，而下半身则有正立、端坐（或盘腿坐于案台或莲花台上），发饰及服饰端庄、华丽，有极为浓厚的神性化表现，是库淑兰的代表作。

正面人物是库淑兰作品中最常见到的，她以叠剪的方式，简洁地表现出弯刀般的眉、眼珠居中的眼、桃儿形的鼻、月牙形的嘴，并于眉心置一红点，衬上一饱满且加有腮红的圆脸，便形成库淑兰式炯炯有神的正面脸相。然后，再配以锯齿状的刘海及多层圆点、小花所组成的发饰，构成了极为靓丽的人物头型。

剪花娘子因具有神性化的内涵，所以人物形象华丽而端庄。人物服饰的底色常以红、深蓝、黑为主色调，也有少许以黄或浅绿色为主，颈肩部常以各种色彩的狗牙子纹层层排列而下，如同古时新娘衣上的霞帔。手臂处常以锯齿纹、钱串子纹作装饰。至于身体的其他部位，则往往装饰花草及猫。在颜色的运用上，对比色随处可见，且有暗深色在下、明浅色在上的基本用法。

莲花座通常以白色花瓣为多，也有少数为红色，花瓣顶端常加上锯齿纹饰，下部则点缀梅花纹、太阳纹、圆点等，花瓣下部加上以衬色剪贴方式表现的绿色莲叶。莲花座稳稳地支撑着端坐其上的剪花娘子。民间有以莲喻女性的习俗,库淑兰的表现正符合此隐喻。

剪刀是剪花娘子形象中不可缺少的符号,剪花娘子或用双手将剪刀捧于胸前,或将之置于身旁,或单手持于手中。

传说中,剪花娘子头戴凤冠、身披霞衣、手握剪刀,或坐在案台上,或坐在莲花瓣上,威严圣洁,她是完美的化身,她会保佑穷苦人。库淑兰剪纸时常常边剪边唱,用自编的民歌将画面内容唱出来,绚丽的剪纸图案和淳朴的关中民歌相衬,使得她的剪纸更加灵活生动。而且她在创作每幅作品时,从不打草稿,信手剪来,随手贴上。

库淑兰剪纸作品《剪花娘子》

活动目标:

1. 通过欣赏剪纸作品《剪花娘子》,使幼儿初步了解"剪花娘子"的形象。

2.感受《剪花娘子》剪纸的纹样元素、设计布局及工艺智慧。

活动准备：

1.经验准备：幼儿有剪纸经验，会使用剪刀，会收拾整理自己的材料。

2.物质准备：

（1）教师材料：剪花娘子图片课件。

（2）幼儿材料：各色彩纸、卡纸、胶棒、剪刀。

活动过程：

1.欣赏《剪花娘子》图片。

2.教师引导幼儿通过观察，进一步感知《剪花娘子》的色彩、造型、构图、寓意。

3.教师带领幼儿进行创作。

活动延伸：

在活动区投放库淑兰作品系列图片，并投放相应的彩纸、剪刀，供幼儿自主创作。

教学活动建议：

1.教师鼓励幼儿在欣赏过大师的作品后，通过相互交流形成并说出自己的看法。

2.教师关注幼儿在创作过程中专注剪纸的时间，观察幼儿是否能够有控制地剪出自己想要的图形，在幼儿遇到困难时及时予以帮助。

活动作品展示：

幼儿作品《剪花娘子》

> **教育资源小贴士**
>
> **1. 剪纸**
>
> 　　剪纸采用纸剪或刀刻的方法，剪（刻）出图形样式的艺术作品，在我国已有一千多年的历史。据考证，1959年考古工作者曾在新疆吐鲁番高昌古墓发现了北朝埋藏的"对马""对猴"团花剪纸，这是目前世界上最早的剪纸实物资料。南北朝梁人宗懔所著《荆楚岁时记》中云："正月七日……剪彩为人，或镂金箔为人，以贴屏风，亦戴之头、鬓。"可见，剪纸艺术源远流长。其实，汉、唐以来，剪镂技艺不限于用纸，从内蒙古、陕西、江苏等地发掘的许多镂金箔片判断，在汉代的漆器上便贴有这种金属刻花。而在唐代则用金、银片镂刻成春蝶、春钱等纹饰来装点宫灯和用具。明、清时期，剪纸大量在百姓日常生活中出现。清代小说《红楼梦》中就有关于剪纸的描写。兴盛于明、清时代的印

染工艺，其镂纸染印花版的刻制技术，便是极为讲究的刻纸工艺。另外，民间运用剪纸来做刺绣底样更是十分普遍、年代久远。剪纸的品种分为黑白剪纸、套色剪纸、点染剪纸、分色剪纸、衬色剪纸、刻金彩衬和笔彩剪纸。作品要求构图结构严密、形象概括、简练清晰、线条规整。其风格样式大致可分为简刻与繁刻两类：北方剪纸多以粗犷简约为特征；南方剪纸则以精巧秀美而著称。剪纸产地以山东、河北、山西、陕西、江苏、浙江、广东和福建等地颇负盛名。（夏燕靖）

（选自奚传绩主编《美术教育词典》，人民教育出版社2009年版，第32页）

2. 剪花娘子库淑兰

库淑兰（1920—2004），陕西旬邑县赤道乡富村人，中国民间剪纸艺术杰出的代表人物之一，中国民间工艺美术大师，被誉为"剪花娘子"。1996年，被联合国科教文组织授予"民间工艺美术大师"称号。

库淑兰的一生非常富有传奇色彩。和许多其他的传统劳动妇女一样，她在4岁的时候被父母定下娃娃亲，并缠足，17岁嫁给性格暴戾的丈夫，日子贫苦不堪。但生性乐观的库淑兰没有被生活的困苦和婚姻的不幸打倒，仍然通过剪纸创作来缓解自己的生活压力，剪纸的过程中不断编唱一首首朴实的歌谣传达着自己乐观向上的心态。

正所谓"宝剑锋从磨砺出，梅花香自苦寒来"，"剪纸娘子"库淑兰得以崭露头角，正是源于其贫苦的生活阅历，剪纸是她对自己人生的另类表达，每一张剪纸作品都是她排解自己心中苦闷的表达，每一次的创作也是她对于自己人生信仰的追求。她的一生传奇而又朴实，生活的磨砺造就了这个乐观的"剪花娘子"的坚毅稳重与大气豁达，劫后重生的创作传奇则是她对于更加释然的一种人生态度的表达。

库淑兰在中国的民间艺术中，历史性地开创了两方面的先河：一是打破了剪纸艺术中以单纯的模仿来传承的传统；二是独创了一种前无古人的表现其自我灵魂中真善美的艺术模式——剪贴画。

（三）扎染

扎染古称扎缬、绞缬、夹缬和染缬，是民间传统而独特的染色工艺。染色前先将部分织物结扎起来，使之不能着色，是中国传统的手工染色技术之一。扎染主要产地有江苏南通和海安、云南，以及广东、四川、河北、山东等。

扎染技法的采用，使面料富于变化，既有朴实浑厚的原始美，又有变化流动的现代美，具有中国画的水墨韵味和朦胧美，扎染服装是立足民族文化的既传统又现代的服装艺术创作。夹染、抓染、线串染及叠染等可出现各种不同的纹路效果。在同一织物上运用多次扎结、多次染色的工艺，可使传统的扎染工艺由单色发展为多种色彩的效果。

扎染工艺分为扎结和染色两部分，它是通过纱、线、绳等工具，对织物进行扎、缝、缚、缀、夹等多种形式组合后再进行染色。其目的是对织物扎结部分起到防染作用，使被扎结部分保持原色，而未被扎结部分均匀受染，从而形成深浅不均、层次丰富的色晕和皱印。织物被扎得愈紧、愈牢，防染效果愈好。它既可以染成带有规则纹样的普通扎染织物，又可以染出表现具象图案的复杂构图及多种绚丽色彩的精美工艺品，稚拙古朴、新颖别致。扎染以青白二色为主调，营造出古朴的意蕴，且青白二色的结合往往给人以"青花瓷"般的淡雅之感。

扎染的主要步骤有画刷图案、绞扎、浸泡、染布、蒸煮、晒干、拆线、漂洗、碾布等，其中主要有扎花、浸染两道工序，技术关键是绞扎手法和染色技艺。染缸、染棒、晒架、石碾等是扎染的主要工具。

扎染图案取材广泛，常以当地的山川风物作为创作素材，其图案或苍山彩云，或洱海浪花，或塔荫蝶影，或神话传说，或民族风情，或花鸟鱼虫，千姿百态、妙趣天成。在浸染过程中，由于花纹的边界受到蓝靛溶液的浸润，图案产生自然的晕纹，青里带翠、凝重素雅、薄如烟雾、轻若蝉翅、似梦似幻、若隐若现、韵味别致，有一种回归自然的拙趣。

活动方案十六：有趣的图案（大班彩墨游戏）

活动背景：

中国传统绘画，源远流长，扎根于中华民族深厚的文化土壤之中。感受和体验水墨画，对继承和发扬我国民族绘画有着非常重要的意义和作用。

水墨画的门类很多，形式风格多样，彩墨画就是在水墨画的基础上发展而来的。而彩墨画特殊的风格和表现方法，是幼儿艺术活动中充满趣味的重要部分，用惯了彩笔、蜡笔的幼儿们对中国画有着强烈的兴趣。彩墨画色彩奔放，线条朴拙生动，墨色在画面中自然融合，层次分明，墨的浓淡干湿、墨色的融合交错、运笔的轻重缓急，会产生丰富的画面效果，深受幼儿的喜爱。

活动目标：

1. 通过彩墨游戏，幼儿初步了解彩墨画的艺术特点。

2. 幼儿在游戏过程中，能用泼墨、叠加、拓印等方式进行自由表达，体验墨色浓淡干湿的变化。

3. 通过彩墨游戏活动表现图案的肌理和纹样，体验创作的快乐。

活动准备：

1. 经验准备：幼儿有参加过水墨活动的经验。

2. 物质准备：

（1）教师材料：扎染作品实物、扎染作品图片课件及扎染工艺制作过程的视频。

（2）幼儿材料：毛笔、墨汁、中国画颜料、调色盒、笔洗、宣纸、毛毡、小围裙、水桶。

活动过程：

1. 情境导入，播放扎染工艺制作过程的视频，激发幼儿兴趣。

2. 教师展示扎染作品实物及照片，引导幼儿仔细观察扎染作品上的纹理图案，以及墨色在水中的浓淡干湿、层次变化，引导幼儿运用水墨的方式进行表现和创造。

3. 教师和幼儿共同探索如何运用泼墨法呈现浓淡干湿的变化，以及如何运用拓印、叠加的方式形成墨和色的层次变化。

4. 幼儿进行创作，教师巡回指导。

活动评价：

1. 展示幼儿创作的彩墨作品，引导幼儿感受彩墨画的独特魅力。

2. 请幼儿与同伴分享自己的作品，感受图案的美。

活动延伸：

将不同材料及工具投放到美工区，供幼儿进行彩墨画创作活动。

教学活动建议：

1. 幼儿在活动中，注意泼墨的方向以及泼墨的技巧。

2. 教师可以协助幼儿在泼墨过程当中给予必要的技术支持和鼓励。

教育资源小贴士

彩墨画

20世纪50年代中期一度流行的对现代中国画的名称，如1955年在北京举办的第二届全国美术展览会就将"中国画"改称"彩墨画"。当时中央美术学院培养中国画创作人才的系科也称"彩墨画系"。（奚传绩）

（选自奚传绩主编《美术教育词典》，人民教育出版社2009年版，第3页）

活动方案十七：漂亮的扎染围巾（大班手工）

活动背景：

扎染工艺是先用线在织物上扎结成绺（称线勒扎结），或在织物上缝纫（称线缝扎结）用以防染，然后入染缸浸染，浸染后抽去所扎或缝的线。由于染液在织物上因扎结而有不同程度的浸染，因而形成由深至浅的晕染花纹，成为扎染的艺术特色。在同一织物上，运用多次扎结、多次染色的工艺，可使传统的扎染工艺由单色发展为多色，效果更佳。扎染的主要品种有台布、窗帘、领带、围巾、提包、服装等。江苏南通是扎染的重点产区，生产的披肩、和服腰带、男式腰带在日本有很高的声誉，1983年被日本授予"京都府知事奖"。

《幼儿园教育指导纲要（试行）》提出："幼儿美术教育的价值在于它激发情趣、激活兴趣；培养幼儿的创新意识；赋予幼儿满足感和成就感。"然而传统的美术教育大多要求通过模仿掌握技能、技巧，忽视了孩子的自主性与创造力。大班幼儿在知识能力水平方面已经处于较高的阶段，其精细动作发展也日趋成熟。因此，选择幼儿既感兴趣，又能充分动手动脑的扎染活动，让幼儿能够自主印染"围巾"，体验扎染艺术的魅力以及活动带来的满足感与成就感。

扎染图片欣赏

扎染图片欣赏

活动目标：

1. 使幼儿了解扎染的基本步骤与方法，感受扎染独特的形式美。

2. 通过欣赏与进一步感受图案与扎染之间的关系，幼儿大胆尝试，感受奇妙的变化，体验制作的乐趣。

活动准备：

1. 经验准备：幼儿欣赏过扎染的服饰，并已掌握用皮筋、线绳、细铜丝等物品进行捆扎的方法。

2. 物质准备：

（1）教师材料：扎染的欣赏图片课件、扎染围巾实物。

（2）幼儿材料：白布、剪刀、各色染料、牛皮筋、塑料抽拉带、细铜丝、围裙等。

活动过程：

1. 情境导入，教师出示扎染课件，引发幼儿的兴趣和思考。

2. 教师出示扎染好的围巾，引导幼儿欣赏扎染好的围巾上的颜色、图案。

3. 探索表现方法：

（1）教师示范，让幼儿了解扎染的基本方法。

（2）点扎法：用手揪出一个点，捆住点的底部。

4. 幼儿进行创作，教师巡回指导。教师要关注幼儿捆扎得力度是否合适，及时给予帮助。

活动评价：

展示幼儿作品，互相交流分享，从围巾的颜色、图案等方面进行交流。

活动延伸：

1. 可将扎染材料投放至美工游戏活动区。

2. 将成品放至角色游戏活动区——"超市"。

教学活动建议：

1. 把体验和感受操作过程作为本次活动的重点，不干涉幼儿的自主创作。

2. 教师观察幼儿的动手操作能力，了解幼儿是否具有基本的扎染技能。

3. 当幼儿有奇特想法的时候，要及时予以肯定和鼓励，保护幼儿的想象力和创造力。

活动作品展示：

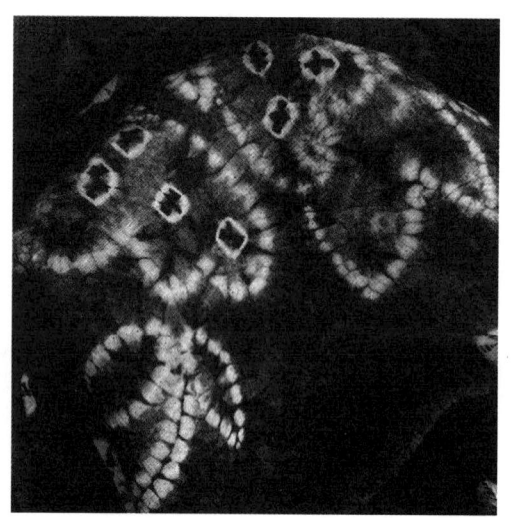

幼儿扎染作品《漂亮的围巾》

教育资源小贴士

1. 蜡染

蜡染是我国传统民间印染工艺之一。据史料记载，秦汉时期，人们已用蜂蜡、树脂做防染剂，采用植物蓝靛做染料，使布匹花色呈蓝、白相间状，并有一层"冰纹"。这一印染工艺自唐宋以后，便被安顺、黔南、黔东聚居区的少数民族所承传，又发展出"点蜡幔""顺水斑"等蜡染工艺方法，并用于服饰上的图案，成为流传至今的工艺瑰宝。蜡染制作工艺一般需经过洗布、设计、熔蜡、蜡绘、冰纹、染色、脱蜡等多道工序。蜡染图案早先多用于衣、领、袖、裙之上，且纹饰结构严谨、线条流畅、装饰性强。图案大多采用连锁式，均衡完整、精巧细致、花纹变化巧妙地摄取自然界呈现的各种曲线，如涡线、浪状线等。题材以花、鸟、虫、蝶、鱼、虾等为图案素材。蜡染品种流传至今已远远超出服饰品类，扩展至靠垫、沙发套、床罩、窗帘、壁挂、灯罩、布幔、屏风、拼花装饰挂件等。主要生产地是贵州。（夏燕靖）

（选自奚传绩主编《美术教育词典》，人民教育出版社2009年版，第28页）

2."蝴蝶花式"扎染

白族扎染之乡是大理市喜洲镇周城村，周城村也是白族民间传说和神话故事的宝库。闻名遐迩的"蝴蝶泉"就在仅距村落一里之遥的西北边点苍山东麓。蝴蝶树、蝴蝶花、蝴蝶、化蝶自然就成了白族人民心中的美与祝福。扎染上的图样大多数都是蝴蝶，蝴蝶纹饰有单体蝶纹、双体蝶纹、四体蝶纹，还有无数蝶纹组成一个圆圈，等等。无论是单体蝶纹还是复体蝶纹，都是朝着象征、抽象的蝶纹演变，是比现实的实体蝴蝶更高更美的艺术形象。

3.扎染工艺

扎染工艺分为扎结和染色两部分。它是通过纱、线、绳等工具，对织物进行扎、缝、缚、缀、夹等多种形式组合后再进行染色。主要工序是，用线将待印染的织物打绞成结后进行印染，然后把打绞成结的线拆除。它有一百多种变化技法，各有特色。如其中的"卷上绞"，晕色丰富、变化自然、趣味无穷。更使人惊奇的是，扎结的每一个纹样，即使制作成千上万次，染出后也不会有完全相同的图案出现，这种独特的艺术效果，是机械印染工艺难以达到的。

扎花，原名扎疙瘩，即在布料选好后，按花纹图案要求，在布料上分别使用撮皱、折叠、翻卷、挤揪等方法，然后用针线一针一针地缝合或缠扎，将其扎紧缝严，让布料变成一串串"疙瘩"。

扎染用的布料过去完全采用白族自家手工织的较粗的白棉土布，现在土布已较少，主要用工业机织生白布、包装布等布料，吸水性强，质地柔软。先由民间美术设计人员根据民间传统和市场的需要，加上自己的创作，画出各式各样的图案，由印工用刺了洞的蜡纸在生白布上印下设计好的图案，再由妇女将布领去，用细致的手工按图案缝上，再送到扎染厂或各家染坊。

浸染，即将扎好"疙瘩"的布料先用清水浸泡一下，再放入染缸里，或浸泡冷染，或加温煮热染，经一定时间后捞出晾干，然后再将布料放入染缸浸染。如此反复浸染，每浸一次色加深一层，即"青出于蓝"。缝了线的部分，因染料浸染不到，自然形成好看的花纹图案。又因为人们在缝扎时针脚不一、染料浸染的程度不一，带有一定的随意性，染出的成品很少一模一样，其艺术意味也就多了一些。

浸染到一定的程度，最后捞出布料并放入清水，将多余的染料漂除，晾干后拆去缬结，将"疙瘩"挑开，熨平整，被线扎缠缝合的部分未受色，呈现出空心状的白布色，便是"花"，其余部分成深蓝色，即是"地"，形成蓝地白花的图案花纹来。至此，一块漂亮的扎染布就完成了。"花"和"地"之间往往还呈现出一定的过渡渐变的效果，多冰裂纹，自然天成，生动活泼，使得花色更显丰富自然。

活动方案十八：神奇的纹样（大班扎染欣赏活动）

活动背景：

纹样作为中华优秀传统文化的重要组成部分，一直贯穿于中国历史发展的整个流程，贯穿于人们生活的始终，反映出不同时期的风俗习惯。自古以来，我国的装饰纹样多具有一定的寓意，如彩陶上的花纹图案，有许多是与古代的图腾意识相关联。又如青铜器上的各种动物纹样，也多反映了当时人们一定的思想、意志和情趣。宋、元、明、清不同时期的各种花鸟纹，有的象征吉庆，有的表示昌茂繁荣，寓意丰富。

从原始社会简单的纹样到奴隶社会简洁、粗犷的青铜器纹饰，再到封建社会精美繁复的花草虫鱼、飞鸟走兽等图案纹样，都凝聚着相应时期独特的艺术审美观。这些纹样主要分为：几何纹样、动物纹样、植物纹样、吉祥纹样、人物纹样、器物纹样。

在进行过几次扎染活动之后，幼儿越发地喜爱扎染这项民间艺术，很多小朋友对纹样特别感兴趣，会好奇扎染为什么会有这么多纹样，以及每一种纹样都代表什么含义。因此，我们设计了一节欣赏课"神奇的纹样"。

传统纹样图片欣赏

传统纹样图片欣赏

活动目标：

1. 通过感受和欣赏，使幼儿了解扎染纹样的多样性和寓意。

2. 在扎染的创作过程中感受手工艺的快乐。

活动准备：

1. 经验准备：幼儿欣赏、制作过扎染的服饰。

2. 物质准备：扎染纹样的欣赏图片课件，扎染制作过程的视频课件。

活动过程：

1. 初步欣赏，教师展示扎染图片课件，让幼儿了解扎染纹样是怎么制作的，都有哪些寓意。

2. 观察讨论，教师和幼儿一起讨论扎染纹样制作过程的艺术特色。

活动延伸：

1. 提供多种扎染工具和材料，供幼儿随时进行表达。

2. 作品可以放在表演区用于幼儿表演。

教学活动建议：

1. 教师要关注幼儿对哪个具体纹样感兴趣，并及时鼓励幼儿进行创作和表达。

2. 引导幼儿观察纹样的静态美和寓意。

> **教育资源小贴士**
>
> **1.图案纹样**
>
> 　　单独模样，或称"单独纹样"，是相对于"连续纹样"而言的。单独模样有繁有简，有大有小，有均齐式也有平衡式，有适合形也有不规则形，但都是独立成章，一般不与其他模样发生结构上的关系。
>
> 　　连续模样，或称"连续纹样"，又具体分为"二方连续模样"和"四方连续模样"。连续模样的特点是首先设计出"单位纹"，由单位纹的左右、上下或四边相互连缀起来，形成条（带）状的或大面积的案。单位纹既经连续之后，原来的边线便不复存在，形成自然反复的大型图案，并由此产生"统觉"。二方连续模样多做成花边图案，四方连续模样多做成花布、壁纸等图案。
>
> 　　单位纹，二方连续模样和四方连续模样的基本图形。单位纹为正方形。例如二方连续，可分横向连续和纵向连续。横向连续的单位纹其左右两边必须线形相接；纵向连续的单位纹其上下两边必须线形相接。例如四方连续必须四边相接。相接之后一个个的单位纹，便失去它的独立性，其自身的方形外廓也不明显，而

是融合在带状形或大面形的图案之中了。

完全纹，在连续模样中，只是单一的一个"单位纹"有时会显得单调。为了使图案更趋复杂，产生较大的反复的效果，可采用多种单位纹进行组合，譬如两个不同的单位纹，或三个单位纹组成一组。这一组单位纹形成连续的基本图形，叫作"完全纹"。完全纹的单位也不能太多，一般是两三个，最多不能超过四个，太多了容易造成视觉上的紊乱。例如，一个单位纹的连接，会产生音乐的节奏感，若是两三个单位纹的反复，便会形成一种旋律。不仅使画面趋于复杂，并且加强了韵律感。

骨式，表示图案模样结构的一种形式。通常用箭头表示，在连续模样中用得最多。因为连续模样中，每一个完全纹所包括的单位，其形状也可以是一种，而作不同方向的变化。"骨式"便是在模样中确定单位方向配置的。

二方连续模样，或称"二方连续纹样""二方连续图案"，图案纹样的基本形式之一。它的特点是可以构成带状的无限长的装饰花纹。其方法是采用"单位纹"和"完全纹"的组合，使之延长，形成一种反复，并产生节奏感。在二方连续的构成上，有各种不同的手法和骨式，如散点法、折线法、波线法等。

四方连续模样，或称"四方连续纹样""四方连续图案"，图案纹样的基本形式之一。它的特点可以构成大面积的装饰花纹，如花布之应用。其方法是采用"单位纹"和"完全纹"的组合，可四面连缀，向外延伸。四方连续模样的构成有许多不同的手法和骨式，如散点法、连缀法、重叠法等。（张道一）

（选自奚传绩主编《美术教育词典》，人民教育出版社2009年版，第330—331页）

第三节　传统文化中的社会生活

一、传统社会生活的文化内涵

社会生活就是指社会日常生活。其内容主要表现为个体、家庭及其他社会群体在物质和精神方面的活动，包括衣食住行、文娱、体育、社交、旅游、风俗习惯、典礼仪式等，从社会进步程度可分为传统的社会生活和现代的社会生活。相对于现代社会生活而言，传统社会生活包含传统服饰、中华美食、传统游戏、民俗活动、名胜古迹等内容，是人类社会的生活系统，也是以华夏民族为主流的多元文化在长期的历史发展过程中融合、发展起来，具有稳定形态的中华传统文化。

北京是一座文化积淀深厚的历史文化名城，有着800多年的建都史。老北京文化具体可以表现为京城传统礼仪文化、京城饮食文化、四合院文化、胡同文化、老字号文化，等等。通过弘扬传统社会生活和继承中华民族优秀传统文化，我们择取了诸如北京小吃、京剧脸谱、逛庙会、天安门、四合院等幼儿喜闻乐见的文化符号，创设有益于幼儿自主性发挥的活动氛围，为幼儿提供各种自发探究与实践的机会。在与环境的互动中，幼儿借助传统社会生活情境获得直接感受和体验，以促进幼儿增长社会认知、激发社会情感、引导社会行为，逐渐培养良好的社会性与个性品质。在幼儿园的一日活动中，我们为幼儿提供了丰富的传统文化活动资源，目的是让幼儿深刻地感受和了解老北京的民间风俗习惯，将城市文化深深地印刻在心灵中。

二、传统社会生活中幼儿园教育活动方案

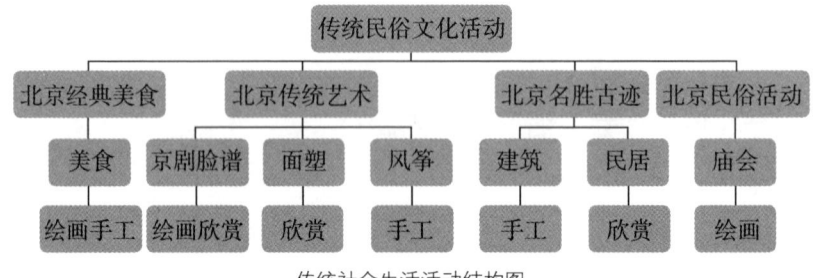

传统社会生活活动结构图

（一）北京经典美食

北京冬季名吃冰糖葫芦，品种众多，有山里红、白海棠、荸荠、山药、橘子以及加入豆沙、瓜子仁、芝麻馅的各种糖葫芦。护国寺小吃是北京地方小吃的代表之一，以其品种丰富、特色突出、具有深厚的历史文化底蕴而著称。小吃品种包括艾窝窝、驴打滚、豌豆黄、象鼻子糕、馓子麻花、麻团、焦圈、面茶、杂碎汤、豆汁等80余种，聚集了京味小吃之精华，深受京城及来自全国各地的宾客的喜爱和国外友人的赞誉。

（二）北京传统艺术

兔儿爷、绢人、剪纸、彩蛋、面塑、风筝……这些老北京传统民间绝活和手工艺品，是北京人的骄傲，也是具有鲜明特色的中国符号。

面塑，俗称捏面人，以面粉为主要原料，加进颜色，捏出各种人物、花鸟鱼虫等，是一种小巧的观赏、陈列品。在北京民间，面塑是婚、丧、

嫁、娶等风俗活动中不可缺少的工艺品。

风筝又称"纸鸢"，在我国有着悠久的历史。春秋战国时期就有削木为鹊乘而放之的记载。古时风筝多为战争服务，成为一种有效的通讯工具。风筝作为一种民间娱乐工具，最早见于宋代画家苏汉臣的绘画作品中。到了明清时期，每逢清明节前后，人们都要走出户外去放风筝。

京剧脸谱，是一种具有中国文化特色的特殊化妆方法。京剧脸谱艺术是广大戏曲爱好者非常喜爱的一门艺术，国内外都很流行，已经被大家公认为中国传统文化的标识之一。脸谱的主要特点有：美与丑的矛盾统一、与角色的性格关系密切、图案程式化。京剧脸谱的艺术特色，主要表现在变形、传神、寓意三个方面。

（三）北京名胜古迹

天安门，是中国的象征，坐落在中华人民共和国首都北京市的中心、故宫博物院的南端，与天安门广场以及人民英雄纪念碑、毛主席纪念堂、人民大会堂、中国国家博物馆隔长安街相望，以杰出的建筑艺术和特殊的政治地位为世人所瞩目。

北京四合院又称四合房，是一种中国传统高档合院式建筑，其格局为：一个院子四面建有房屋，通常由正房、东西厢房和倒座房组成，从四面将庭院合围在中间。北京四合院虽为居住建筑，却蕴含着深刻的文化内涵，是中华传统文化的载体。

（四）北京民俗活动

庙会，又称"庙市"或"节场"，是中国民间广为流传的一种传统民俗活动。民俗是一个国家或民族中被广大民众所创造、享用和传承的生活文化，庙会就是这种生活文化的一个有机组成部分，它的产生、存在和演变都与老百姓的生活息息相关。北京庙会是北京地区的传统民俗文化活动，北京的春节庙会已经不仅仅是礼佛拜神之地，在节日里，人们会以庙会为中心，朋友相聚、全家同游、同事结伴而行，增进感情。

活动方案十九：酸酸甜甜的糖葫芦（小班绘画）

活动背景：

冰糖葫芦又叫糖葫芦，是北京传统小吃，起源于南宋，一般用山楂串成，糖稀冻硬，吃起来又酸又甜，还很冰。红艳艳、黄澄澄的山楂球一颗咬进嘴里，酸酸甜甜，回味无穷。冰糖葫芦老少皆宜，它具有开胃、养颜、增智、消除疲劳、清热等作用，因而更加受到人们的青睐。

冰糖葫芦的制法别具一格，山楂选用优质山楂，辅料选用金黄色的冰糖。然后将红果去核，串成一串，但果与果之间要留有一定的空隙，使每一个红果能够均匀地沾上冰糖。有的还将果子切一个口子，夹上自制的细豆沙、核桃、山药泥，外面薄薄地贴上一层黑豆沙，豆沙上再摆列不同形状的白瓜仁，而后沾上冰糖汁。外观红、白、黑三色分明，食之甜酸脆绵、清香利口。

后来，这种做法传到民间，老百姓经过多年制作，逐渐积累经验，形成冰糖葫芦传统的做法。清朝时期，冰糖葫芦在各地盛行，茶楼、戏院、大街小巷到处可见，成为我国传统小吃。

酸酸甜甜的糖葫芦特别吸引小朋友的喜欢。糖葫芦有着悠久的饮食文化和历史传统，更是小朋友们童年最喜欢的小吃之一。为了能更好地激发幼儿对北京文化的热爱，我们以糖葫芦为主题设计了此次活动。

生活中的冰糖葫芦

活动目标：

　　1. 让小朋友们知道冰糖葫芦是老北京的传统小吃。

　　2. 用绘画的方式来表现冰糖葫芦的颜色和形状。

　　3. 使小朋友们喜欢绘画活动，体验创作的乐趣。

活动准备：

　　1. 经验准备：幼儿活动前有看过、吃过糖葫芦的经历。

　　2. 物质准备：

　　　　（1）教师材料：糖葫芦图片若干、糖葫芦制作过程视频课件。

　　　　（2）幼儿材料：12色彩色水笔、白色图画纸。

活动过程：

　　1. 情境导入，教师播放糖葫芦制作过程视频课件，激发幼儿兴趣。

2. 教师出示糖葫芦图片，引导幼儿观察糖葫芦的形状、颜色，并带领幼儿仔细观察糖葫芦如何穿在小棍子上进行有序的排列。

3. 探索表现方法：

（1）先用直线画小棍子，在棍子上画圆形糖葫芦进行排列。

（2）选择红色的彩色水笔给圆形糖葫芦上色。

4. 幼儿进行创作，教师巡回指导。教师要鼓励幼儿大胆表现，可以选用两种以上的颜色给糖葫芦涂色。

活动评价：

1. 请幼儿说一说自己的糖葫芦是什么味道的，看一看谁画的糖葫芦最好看。

2. 教师将幼儿作品布置在班级作品栏。

活动延伸：

1. 尝试用泥工来表现和制作糖葫芦。

2. 可以让爸爸妈妈周末带幼儿外出，观看糖葫芦制作工艺，并且可以一起品尝。

教学活动建议：

1. 在创作中，教师应注意幼儿在绘画过程中对于圆圈的排列和叠加，并且给予鼓励和支持。

2. 教师应鼓励幼儿大胆涂色，可以选用两种以上的颜色交替使用。

活动作品展示：

幼儿彩色水笔作品《冰糖葫芦》

教育资源小贴士

1. 彩色水笔

你肯定用过彩色笔，因为它太容易使用了。可是你认真琢磨过这些彩色笔吗？让我们一起到显微镜下看看这些平常的彩色笔，这对我们更好地使用彩色笔画画会大有帮助。

不管什么形状的彩色笔，都是由笔尖、颜料管和外壳（包括笔帽和后盖）三大部分组成的。

如果把笔尖放到显微镜下，我们就可以看见，本来平常的笔尖上布满了小洞洞，我们涂色用的颜料水正是从这些小洞洞中慢慢流出来的。用正规的说法就是：彩色笔的颜料从毛细状的孔洞中慢慢地渗出来。由于这些小洞洞太细小了，所以就是再把眼睛睁大了也不太容易看清楚。正因为颜料是靠这些小洞洞渗透出来的，所以我们用彩色笔涂色的时候速度一定不能太快了，要不然笔尖就供不上颜料，也就涂不出颜色了。另外，千万不能在用油画棒或者水粉颜料画过的地方再用彩色笔涂色。油画棒和水粉颜料都是由一个个小颗粒组成的，如果在它们涂过的地方再用彩色笔涂色，这些小颗粒就会将彩色笔尖的小洞洞堵塞。堵塞的结果就不用说了。当然，也不能让笔尖总露在外面，如果小洞洞中的颜料变干了，结果同样就不用说了。如果只是笔尖表面的颜色变干了，可以用小刀刮一刮，等笔尖继续出水后就可以接着用了。如果刮了半天还不出水，那就是小洞洞里面的颜料也干了，没办法，只好换一个新笔尖了。

（选自龙念南编著《彩色水笔画》，浙江人民美术出版社2000年版）

2. 幼儿绘画特点

涂鸦期是幼儿绘画的准备阶段，它的一个突出特点是幼儿没有明确的绘画构思和目的，以游戏形式随意进行画线活动，或是有意识地模仿成人。

涂鸦期的儿童开始意识到他们所画的线条与实物和自己的经验之间的联系，但仍未能画出具体形象，他们开始将自己的生活经验与自己的涂鸦动作联系在一起，有了明显的表达意图，并开始为自己的涂鸦命名。这个时期的幼儿开始出现了原始的零乱构图，他们对画中的形象不做空间安排，画面无上下、前后等空间方位的区分，生活中有一定秩序的事物，在他们的画中都是横七竖八的。到这一时期的末期，画面的图像逐渐分化，形成简单的象形图样，进入一个新的发展阶段。

活动方案二十：护国寺小吃（小班泥工）

活动背景：

护国寺小吃是北京地方小吃的代表之一，以其品种丰富、特色突出、具有深厚的历史文化底蕴而著称。小吃品种包括艾窝窝、驴打滚、豌豆黄、象鼻子糕、馓子麻花、麻团、焦圈、面茶、杂碎汤、豆汁等80余种，聚集了京味小吃之精华。

很多小朋友都对北京小吃感兴趣，还有的小朋友去过护国寺小吃店，香香甜甜的小吃非常吸引幼儿的眼球。根据幼儿的兴趣，我们设计了本次手工活动"护国寺小吃"。

生活中的护国寺小吃

活动目标：

1. 让幼儿体验和感受老北京护国寺小吃的多样性。
2. 通过揉、团、捏、卷等技能进行表现与创造。
3. 在制作的过程中感受泥工的乐趣，体验活动的快乐。

活动准备：

1. 经验准备：幼儿活动前去过护国寺小吃店、品尝过护国寺小吃。

2. 物质准备：

(1) 教师材料：护国寺小吃实物及图片若干，如艾窝窝、驴打滚、豌豆黄、馓子麻花、麻团、焦圈等，小吃店情境视频课件。

(2) 幼儿材料：彩泥、纸盘、泥工垫板。

活动过程：

1. 情境导入，教师播放护国寺小吃店情境视频，激发幼儿兴趣。

2. 教师展示小吃实物及图片，引导幼儿从形态、颜色方面仔细观察小吃的特点，通过摸一摸、闻一闻、尝一尝来感受小吃的造型、味道。

3. 探索表现方法：

(1) 教师选取一款小吃做示范，幼儿观察制作过程。

(2) 幼儿可以选择自己喜欢的小吃进行表现。

4. 幼儿进行创作，制作自己感兴趣的小吃，教师巡回指导。

活动评价：

1. 幼儿与同伴分享自己的作品。

2. 教师指导幼儿将做好的作品放到托盘里，在班级公共区域进行展示。

活动延伸：

将不同材料及工具投放到美工区，供幼儿进行自由创作。

教学活动建议：

1. 教师提供4种颜色的彩泥，让幼儿自由搭配和制作。

2. 在用彩泥制作的过程中，教师要鼓励幼儿自由、大胆地表现。

教育资源小贴士

护国寺小吃

（1）驴打滚

驴打滚是老北京传统小吃之一，它的成品有黄、白、红，颜色分明，很是好看。因其在制作的最后一道工序中会撒上黄豆面，就像老北京郊外野驴撒欢打滚时扬起的阵阵黄土，因此而得名"驴打滚"。制作"驴打滚"的原料有大黄米面、黄豆面、白糖、香油等。它的制作分为制坯、和馅、成型三个步骤。做好的"驴打滚"外层粘满豆面，呈金黄色，豆香馅甜、入口绵软、别具风味，是老少皆宜的传统风味小吃。

（2）艾窝窝

艾窝窝是历史悠久的老北京风味小吃之一，广受大众喜爱。它的主要食材包括糯米粉和面粉。内包的馅料有核桃仁、芝麻、瓜子仁、山药泥等营养丰富的天然食材，质地软糯、口味香甜、色泽雪白，常以红色山楂糕点缀，美观、喜庆。因其皮外糁薄粉，上作一凹，故名"艾窝窝"。

（3）豌豆黄

豌豆黄是清宫御膳房根据民间的小枣糙豌豆黄改进而成。其制法较为精细，先是将豌豆煮烂过筛成糊，加上白糖、桂花，凝固后切成两寸见方、不足半寸厚的小方块，上面放几片蜜糕，色味俱佳，质地细腻纯净，入口即化。它与云豆糕、小窝头等同称官廷小吃。

活动方案二十一：可爱的面塑娃娃（小班欣赏）

活动背景：

面塑是北京非常有代表性的民间艺术。北京的面塑艺术已有百年历史，捏制面塑的手艺人俗称捏面人。面塑是用面粉、糯米粉等原料加彩以后，由艺人用塑刀、剪子等辅助工具，将许多彩色的面团捏塑成五颜六色、各式各样的人物或动物造型，简单活泼、色彩艳丽，具有民族特色，是家喻户晓的一种民间艺术。

北京面塑艺术经过几代民间艺人的传承和发展，博采众长，形成自己的艺术特色。面人体积小，便于携带，不干裂、不变形、不褪色，成为收藏者的心头所好。面塑在北京传统文化当中非常具有特色，它作为一种很好的艺术表现形式，塑造了一个个生动的人物和故事，不但具有很强的玩赏性，也成为启迪人民思想智慧的艺术品。面塑艺术作为农耕社会当中流传下来的一种传统民间艺术和北京传统文化之一，值得人们关注和保护。

面塑作品欣赏

活动目标：

1.欣赏和感受老北京传统民间面塑艺术。

2.通过欣赏、感知各种各样的面塑，了解面塑的造型特点和制作工艺。

3.尝试体验面塑艺术。

活动准备：

1.经验准备：幼儿有欣赏过老北京面塑的经验。

2.物质准备：

（1）教师材料：老北京面塑实物、图片及制作视频课件。

（2）幼儿材料：面塑材料若干。

活动过程：

1.情境导入，教师播放捏面人的视频课件。

2.观察讨论。教师出示老北京面塑实物，引导幼儿仔细观察面塑身上都有哪些漂亮的图案、颜色和造型特点，教师和幼儿共同讨论面塑的制作工艺。

3.幼儿进行创作，尝试体验面塑艺术，教师要巡回指导。

活动延伸：

1.幼儿可由爸爸妈妈陪同去博物馆、民间艺人工作室观看和学习面塑的制作工艺。

2.可以收集一些面塑作品放在家里观赏。

教学活动建议：

1.鼓励幼儿用自己的情感、态度来表达对面塑的喜爱。

2.教师在活动过程中通过实物让幼儿充分地感受和体验面塑艺术。

活动作品展示：

幼儿面塑作品《可爱的面塑》

教育资源小贴士

1. 乡土玩具

乡土玩具又称"民间玩偶"，指乡村百姓或民间艺人使用布、泥土、木材、竹子等就地取材的原料制成，专供儿童玩耍的各式玩具。我国的乡土玩具历史悠久，早在汉代王符《潜夫论·浮侈》即有记载，以泥土"或作泥车、瓦狗、马骑、倡俳，诸戏弄小儿之具以巧诈"。乡土玩具发展的几千年历史中，其特色就是如此。从乡土玩具的娱玩性质来看，可划分为静观、声响、动作、食玩和益智五大类。静观，是以静态可视的形态加以赏玩，诸如泥挂虎、毛猴、石猴、核桃面人、手捏戏人、布老虎、泥坐虎。声响，是设置发声装置，通过按推摇晃等机械物理作用而产生一种声响效果的玩具，如拨浪鼓、皮才引荐、泥咕咕、水鸟叫叫、仙人打鼓等。动作，是指通过摇晃、旋转、弹张、推拉而产生动态的玩具，如风车、竹节龙、走马灯、摇头摆尾鲤鱼、猴子爬竿等。食玩，多以面团或化糖食用原料制成的既可食用又可观赏的玩具，如面人、糖人、糖花、果馍、面糖等。益智，是经过预先设计、布局，并按一定规则程序，通过智力运算与法则来娱乐的游戏玩具，如七巧板、九连环、益智拼图等。可以说，乡土玩具在民间的流传，除了玩耍的功能外，还对儿童起着启智教育的作用，成为最直接、最形象的文化接触，娱教内容合二为一。（夏燕靖）

（选自奚传绩主编《美术教育词典》，人民教育出版社2009年版，第33页）

2. 幼儿手工艺术欣赏

结合3—4岁儿童的年龄特点，教师可以选择一些形象具体、色彩鲜艳、生动有趣的作品让儿童欣赏。首先，欣赏的内容大体上要从欣赏作品的内容情感、作者背景、特殊技法、作用意义等方面探究，从中找到适合幼儿理解或操作的部分，再巧妙地加以利用和设计。其次，作为完整的美术欣赏活动，观者的参与性是实现主体与客体对话交流的关键部分。在幼儿美术欣赏活动中，参与体验作品的方式可以是多种多样的，快乐、兴趣和游戏是幼儿审美欣赏教育的主要方法。

幼儿手工作品赏析要求符合他们的年龄特点，作品的内容形式能表现出幼儿独特的思维和感受，作品要具有独创性，切忌程式化。在材料的运用上要敢于创新，有独到之处，能够发挥出特定材料的特性，并巧妙地结合内容、构图和造型进行运用。

活动方案二十二：我喜欢的京剧脸谱（中班绘画）

活动背景：

京剧脸谱，是一种具有中国文化特色的特殊化妆方法。由于每个历史人物或某一种类型的人物都有一种大概的谱式，就像唱歌、奏乐都要按照乐谱一样，所以称为"脸谱"。关于脸谱的来源，一般的说法是来自假面具。京剧脸谱艺术是广大戏曲爱好者非常喜爱的一门艺术，国内外都很流行，已经被大家公认为中华优秀传统文化的标识之一。脸谱的主要特点有：美与丑的矛盾统一、与角色的性格关系密切、图案程式化。

京剧脸谱的分类主要有：

整脸：一种颜色为主色，夸张肤色，再勾画出眉、眼、鼻、口和细致的面部肌肉纹路。

三块瓦脸：又称"三块窝脸"，是在整脸的基础上进一步夸张眉、眼、鼻的画片，用线条勾出两块眉，一块鼻窝，所以称"三块瓦脸"。其中又再分"正三块瓦""尖三块瓦""花三块瓦""老三块瓦"等。

十字门脸与六分脸：十字门脸由三块瓦脸发展而来，特点是将三色缩小为一个色条，从月亮门一直勾到鼻头以下，不同的色条象征不同的人物性格。主色条和眼窝构成一个"十"字，故名"十字门脸"，又分"花十字门""老十字门"。

六分脸特点是将额头上的主色缩为一个色条，夸大眉形，白眉形占十分之四，主色占十分之六。"六分脸"也称"老脸"。

碎花脸与歪脸：碎花脸由"花三块瓦脸"演变而来，保留主色，其他部位用辅色添勾花纹，色彩丰富、构图多样、线条细碎，故称"碎花脸"。

歪脸主要用来夸张帮凶、打手们的五官不正，相貌丑陋，特点是勾法不对称，给人以歪斜之感。

僧脸与太监脸："僧脸"又名"和尚脸"，特征是腰子眼窝、花鼻窝、花嘴岔，额头勾一个舍利珠圆光或九个点，表示佛门受戒。

太监脸专用来表现擅权害人的宦官，色彩只有红白两种，形式近似"整脸"与"三块瓦脸"，只是夸张太监的特点。额头勾圆光，以示其阉割净身，自诩为佛门弟子。额头和两颊的胖纹，表现出养尊处优、脑满肠肥的状态。

元宝脸与象形脸：元宝脸的脑门和脸膛的色彩不一，其形如元宝，故称"元宝脸"，分"普通元宝脸""倒元宝脸""花元宝脸"。

象形脸一般用于神话戏，构图和色彩均从每个精灵神怪的形象特征出发，无固定谱式。画法要似像非像，不可过于写实，讲究"意到笔不到"，贵在"传神"，让观众一目了然，一看便知道是何种神怪所化。

神仙脸与丑角脸：神仙脸由"整脸""三块瓦脸"发展而来，都用来表现神、佛的面貌，构图取法佛像，主要用金、银色，或在辅色中添勾金、银色线条和色块，以示神圣威严。

丑角脸又名"三花脸"或"小花脸"，特点是在鼻梁中心抹一个白色"豆腐块"，用漫画的手法表现人物的喜剧特征。

小妖脸与英雄脸："小妖脸"表现的是神话戏中的天将、小妖等角色。这种脸谱又名"随意脸"。

"英雄脸"不是指杰出人物的脸，而是指扮演拳棒教师和参与武打的打手的脸。

小朋友们对于京剧脸谱都特别感兴趣，因此我们也在美工区投放了相应的材料，在此基础上选择了各种不同题材、不同风格的作品，开展了本次绘画活动，来拓宽幼儿的创造思路，提高幼儿感受美、表现美的能力。

京剧脸谱图片欣赏

活动目标：

1.欣赏感知京剧脸谱艺术中色彩与花纹的对称美，能够根据脸谱的基本特征，创作自己喜爱的脸谱。

2.了解京剧脸谱中色彩与人物性格的关系，萌发对民族艺术的热爱之情。

3.敢于大胆用色，养成良好的绘画习惯。

活动准备：

1.经验准备：幼儿欣赏过京剧脸谱的图片，对各种花纹有一定的了解，有过对称花纹创作的经验。

2.物质准备：

（1）教师材料：京剧脸谱图片课件。

（2）幼儿材料：24色彩色水笔、图画纸。

活动过程：

1. 情境导入，教师引导幼儿欣赏京剧脸谱图片，让幼儿感知脸谱艺术中色彩与花纹的对称美，并组织幼儿相互交流自己的想法。

2. 教师引导幼儿观察，总结规律：

（1）教师帮助幼儿提炼出脸谱的特点及规律。

（2）教师总结京剧脸谱的共同点，比如以鼻子为中心，左右花纹对称，色彩对称。

3. 探索表现方法：

（1）先画出脸谱中左右对称的五官位置，然后再设计花纹、色彩。

（2）要求花纹和色彩左右对称，表现出人物的性格。

4. 幼儿创作，教师巡回指导：

（1）面向全体幼儿，针对个别幼儿的需求进行辅导。

（2）幼儿作画时注意保持画面干净、画笔不串色。

活动评价：

1. 请幼儿相互介绍自己画的脸谱，说出自己的作画方法。

2. 教师小结，并给小朋友提出改进建议。

活动延伸：

将做好的京剧脸谱投放到表演区，供幼儿进行各种艺术活动。

教学活动建议：

1. 活动中，充分让幼儿观察和感受京剧脸谱的花纹、色彩的大胆和夸张。

2. 引导幼儿发现脸谱中的对称，感知对称美。

3. 绘画过程中，肯定幼儿大胆的表现，鼓励幼儿进行创作。

活动作品展示：

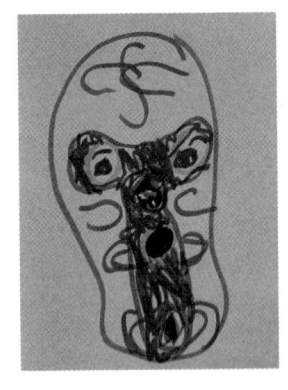

幼儿彩色水笔作品《京剧脸谱》

活动方案二十三：美丽的风筝（中班手工）

活动背景：

北京风筝品种很多，据曹雪芹所著的《南鹞北鸢考工志》中就有40多种扎法，现存的一本《北平风筝谱》中收集了200余种北京风筝。

在众多的北京风筝中，有一种性能最好、对全国影响最大、最具代表性的风筝，那就是外形像一个"大"字的"沙燕儿"（或称"扎雁儿""沙雁儿"）。

沙燕儿的头是燕子头的平面变形，它的眉梢上挑，两眼有神，被赋予了人的感情，再加上那对剪刀尾巴，使人看上去就会想到燕子。它比真燕子更可爱，人们按照大家都喜欢的"大胖小子"，扎成了胖沙燕和雏燕。又按照亭亭玉立、苗条秀美的少女，扎成"瘦沙燕"。按照恩爱夫妻，扎成"比翼燕"。人们在沙燕的膀窝、腰节、前胸、尾羽等处加上蝙蝠、桃子、牡丹等吉祥图案，寓意幸福、长寿、富贵等美好的愿望……

这样，人们把黑色的燕子变成了五彩缤纷、生动活泼、充满人的精神的燕子，就是在经过了这样一个由拟形到拟神，由拟神到拟人，又由拟人到超人的发展过程后，形成了现在的程式。在这个程式里面，可以千变万化，容纳极其丰富的内涵，但又万变不离其宗，使人一看就知道是北京沙燕儿，而不是别的什么。

沙燕儿的结构简练，只由5根竹条组成主骨架，它的翅膀由上下两根竹条在端部弯曲而形成形状特殊的"膀兜"，这使沙燕儿在风小时也能飞起，风大时能飞稳，其飞行性能优于其他类型的风筝。由沙燕儿演变成的风筝品种很多，遍及全国。

由于各地风俗民情及审美观念的不同，因而在风筝的造型、扎制、装饰及放飞技巧上，也就形成了不同的风格。北京风筝多为绢制，骨架坚固平整，画工非常精细，其中的沙燕名扬中外。

手工制作过程属于创造力培养的过程，都是展示幼儿创新力和审美力的重要方式。在手工制作活动中，教师提供丰富的工具和材料让幼儿表达自己的想象与创造。风筝是幼儿喜闻乐见的民间玩具，因此，根据幼儿的兴趣，我们设计了本次活动，满足幼儿创造和表现的欲望。

活动目标：

1. 让幼儿知道风筝的来历，了解风筝的多种造型和特点。

2. 组织幼儿尝试制作简单的风筝，并享受放风筝的乐趣。

3. 培养幼儿动手操作的能力，并能根据所观察到的现象大胆地与小伙伴进行交流。

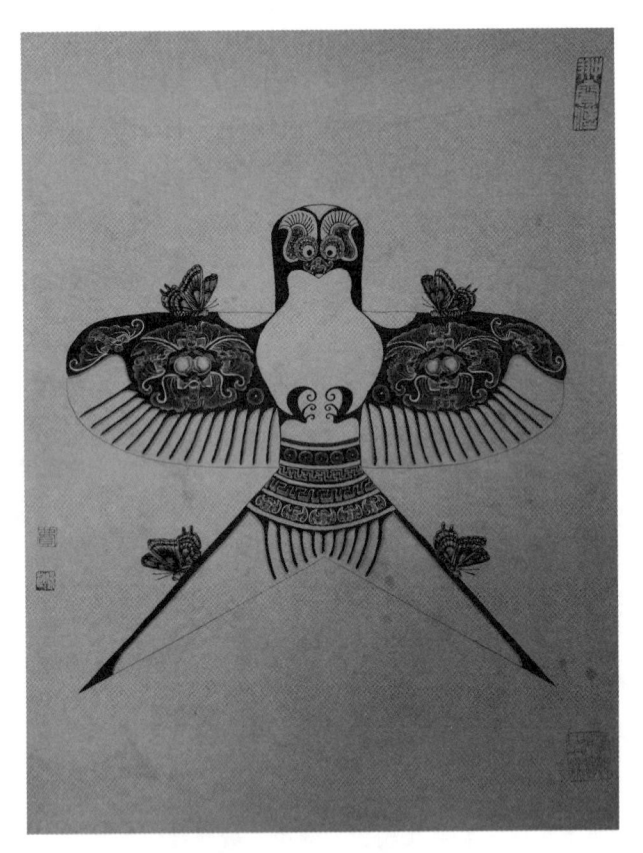

风筝图片欣赏《雄燕》　（作者：费宝龄）

活动准备：

1. 经验准备：幼儿活动前有放风筝的经历。
2. 物质准备：
   (1) 教师材料：风筝比赛的视频课件、风筝及沙燕的图片和实物。
   (2) 幼儿材料：纸、线圈、竹签、胶带、油画棒等。

活动过程：

1.情境导入，教师播放风筝比赛的视频，让幼儿欣赏各种各样的风筝，了解风筝制作材料的多样性。

2.教师出示实物沙燕，邀请小朋友们参观风筝展，并引导幼儿从风筝造型、色彩、质地等方面进行观察。教师组织幼儿讨论人们放风筝的寓意。

3.探索表现方法：

（1）幼儿根据风筝外形设计自己喜欢的图案，并用油画棒添加颜色。

（2）幼儿固定风筝支架，制作不同形状的风筝。

4.幼儿进行创作，教师巡回指导。教师要根据幼儿的不同操作水平提供各种材料，适当给予帮助。

活动评价：

1.幼儿之间相互讨论，交流制作经验。

2.幼儿们展示自己制作的风筝，与同伴、教师分享快乐。

活动延伸：

教师可以带领幼儿到操场上放风筝，比比谁的风筝飞得更高。

教学活动建议：

1.关注幼儿的活动兴趣，及时鼓励幼儿，增强他们的自信心。

2.尊重幼儿的创作方法，在其需要帮忙时及时给予帮助。

3.鼓励幼儿使用多种材料进行创作。

活动作品展示：

幼儿手工作品《风筝》

教育资源小贴士 ✏️

1. 风筝

  一种广泛流传于民间的娱乐性工艺品，具有装饰和玩赏的双重功能，古时称"纸鸢""鹞子"。宋代高承《事物纪原》曰："纸鸢，俗谓之风筝。"又据明代陈沂《询刍录》所载：唐、五代时，李邺在皇宫中以线放纸鸢为游戏，并在鸢首拴上竹笛和丝弦弓。当纸在空中经风一吹，发出类似古代乐器筝的声响，于是"风筝"便由此得名。风筝在我国相传约有2000多年的历史，战国时思想家、教育家墨子（约前468—前376）花费了三年时间研制了一只木鸟（即名为"木鸢"），在此基础上，鲁国人公输班削竹为鹊，乘风力放飞空中，三日不下，成为最早的风筝。风筝演变为娱乐工具是在唐朝，晚唐诗人高骈的《风筝》诗云："夜静弦声响碧空，宫商信任往来风。依稀似曲才堪听，又被移将别调中。"北宋年间，风筝娱乐还被民间定为节日来庆祝，每年农历九月九日为"风筝节"，人们娱乐、竞技、观赏尽在欢乐中。明、清，放风筝已经成为民间岁时的一项风俗，时令一到，无论长幼，都将自己喜爱的风筝放飞空中，争奇斗巧。风筝选用纸或绸、绢做面料，由竹篾扎制而成，并分硬膀、软翅、拍子、串儿、圆镜、尾巴等多种形制。一般北方的风筝扎成硬膀风筝，以适应风大的环境。而南方风筝多扎成软翅，适于风力缓和的环境放飞。拍子风筝类全身平面，四周有竹边，造型有钟、鼎、蝉等。串儿类风筝是由若干单片连接成串的长条形风筝，形状似蜈蚣、串旗子等。圆镜类风筝形如圆筒，有如宫灯。各种各样的风筝造型均花样别出，引人入胜。风筝除造型之外，还讲究纹饰与色彩的装点。俗话说"远看颜色近看花"，风筝斗艳于空中，观赏的就是"花色"，因而风筝的色彩以追求对比强烈的效果为目的。至于风筝产地，主要在北京、天津、山东等地。（夏燕靖）

（选自奚传绩主编《美术教育词典》，人民教育出版社2009年版，第32页）

2. 风筝的种类及特征

（1）硬翅风筝

它的特征是风筝的左右两边用上下两根竹条做成翅膀的形

状，平看就像是一个古代元宝的形状。常见的沙燕风筝就属这种。

（2）软翅风筝

它的造型以禽鸟或昆虫居多，如蝴蝶。软翅风筝的翅膀由一根主竹条构成，翅膀的下方是软性的，它的主体骨架大部分做成浮雕状。

（3）板式风筝

就是人们常说的平面形风筝，它的形状和结构简单，风筝的四边用竹条支撑。因为制作容易，飞升性能好，又适合表现多种题材，故深受大家的喜爱，也是我们生活中最常见的风筝种类之一。

（4）串式风筝

就是把相同或不相同的风筝，像冰糖葫芦似的拴在一根或多根线上，串连起来放飞，这也是我们常见的风筝形式之一。

（5）桶形（立体）风筝

是由一个或多个圆桶或其他形状的桶组成的风筝，像花瓶、宫灯等都属此类，我们称其为立体风筝。由于它的制作工艺比较复杂，在我们的日常生活中也较为少见。

3. 风筝四艺

中国传统风筝的制作概括起来有四个字：扎、糊、绘、绑，简称"四艺"，即扎骨架、糊纸面、绘花彩、绑风筝线。

活动方案二十四：京剧脸谱（中班欣赏）

活动背景：

　　脸谱是中国戏剧中特有的化妆艺术，以写实与象征相结合的艺术手法，鲜明地表现某些人物的面貌，揭示出人物的类型、性格、品质、年龄等特征。它是中国戏曲舞台上特有的化妆手段，又是一种富有装饰性的图案艺术，因而具有很高的欣赏价值。

　　我国的戏曲脸谱艺术，具有悠久的历史。相传它的起源与面具有密切的关系。古代吴越之民即在脸部涂上自然的颜色，披上兽皮鸟羽，染黑齿。这与后来的傩舞面具、战争面具、汉代百戏所戴的各种动物头形以及六朝和隋唐时代歌舞的假面具等，都可说是戏曲脸谱的远祖。随着戏曲的发展，尤其是京剧的兴起，脸谱造型日臻完善，在构图上奠定了基本谱式，各类角色的脸谱趋向定型。近代的脸谱艺术则进一步精致化、多样化，但仍然保持着传统脸谱的基本特点。

　　京剧脸谱在形成过程中吸取了很多地方戏曲剧种的脸谱特色，是至今中国戏曲舞台上脸谱最多、最完整的脸谱体系。它是中国传统脸谱大系中的分支，有脸谱的共性及其本身特性，借鉴了徽、汉、昆、秦各剧种的经验。一个脸谱的谱式，一出戏中脸谱的配合，均须蕴含在这个整体舞台艺术之中。

　　京剧脸谱起源于生活。脸谱的勾绘是以生活为依据，也是生活的概括，但又是实际生活的放大和夸张，实际的生活是确定脸谱色彩、线条、纹样与图案的基础。如关羽的丹凤眼、卧蚕眉，张飞的豹头环眼，赵匡胤的面如重枣等，所有这些描写，都被戏曲化妆吸取，在京剧舞台上的表现尤为明显、突出。

　　京剧脸谱的"主色"是以某一种颜色象征人物的品质、性格、气度，它是一个脸谱最主要的直觉表现手段。每个脸谱至少用3种以上的颜色，各种色彩有不同的作用与象征。如曹操脸谱的谱式为"整脸"，水白色脸，以黑色勾画眉、眼和表情纹，并在眉心画一红圆，表现曹操的阴险、疑诈。黄盖脸谱的颜色为红、白、黑、灰构成。脸谱的色彩非常丰富，表演艺术家用红、蓝、白、黑、紫、金、银等颜色，各尽妙用，以丰富的想象和夸张的手法，突出剧目中复杂的人物形象。这些脸谱着重在形、神、意三方面表现多种人物的忠、奸、善、恶，寓意褒贬、爱憎分明。而且设色变化有致，勾绘精巧，富有图案美，具有鲜明的思想性和艺术性，成为人们喜爱的民族艺术。

红色脸象征忠义、耿直、有血性，如："三国戏"里的关羽、"斩经堂"里的吴汉。

黑色脸既表现性格严肃，不苟言笑，如"包公戏"里的包拯，又象征威武有力、粗鲁豪爽，如："三国戏"里的张飞，"水浒戏"里的李逵。

白色脸表现奸诈多疑，含贬义，代表凶诈，如："三国戏"里的曹操，"打严嵩"中的严嵩，秦桧。

黄色脸表现勇猛、暴躁，如典韦。

蓝色脸表现性格刚直，桀骜不驯，如："上天台"中的马武，"连环套"里的窦尔墩。

幼儿园的美术活动是为了让幼儿具备初步的审美意识，挖掘和发挥幼儿的创造能力。中班的幼儿已积累了较多的创作经验，在此基础上，可以选择各种不同题材、不同风格的作品来拓宽幼儿的创造思路，提高幼儿的欣赏能力。在这次活动中，以中国传统艺术——脸谱作为欣赏对象，旨在让幼儿了解中国的传统工艺。以脸谱精致、绚丽、独特的装饰风格来吸引孩子，引起他们的创作兴趣，提高幼儿感受美、表现美的能力。

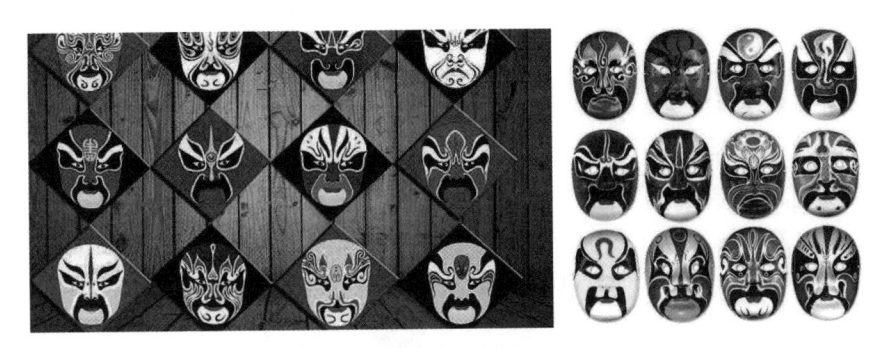

京剧脸谱图片欣赏

活动目标：

1. 欣赏京剧脸谱图案，感知脸谱中色彩、图案和造型美。

2. 幼儿能用语言表达自己的想法。

活动准备：

1. 经验准备：请家长帮助幼儿了解关于京剧的知识，收集京剧脸谱、京剧饰品等，使幼儿初步感知京剧的旋律与脸谱、服饰的美。

2. 物质准备：京剧脸谱课件，蓝脸、红脸、黄脸、白脸、黑脸脸谱，视频《戏说脸谱》。

活动过程：

1. 教师带领幼儿欣赏有特点的京剧人物脸谱，感受脸谱的美。

2. 欣赏视频《戏说脸谱》，体会京剧中不同颜色的脸谱代表不同性格的人。教师引导幼儿说一说京剧脸谱中的色彩、纹饰、造型，鼓励幼儿用自己的语言表达所见、所想。

3. 幼儿进行自由创作，教师巡回指导。

活动延伸：

在区域内投放丰富的材料，供幼儿自主选择和表达。

教学活动建议：

　　1. 教师应注重引导幼儿仔细观察京剧脸谱的色彩和纹样。

　　2. 在欣赏过程中鼓励幼儿充分表达自己的体验和感受。

活动作品展示：

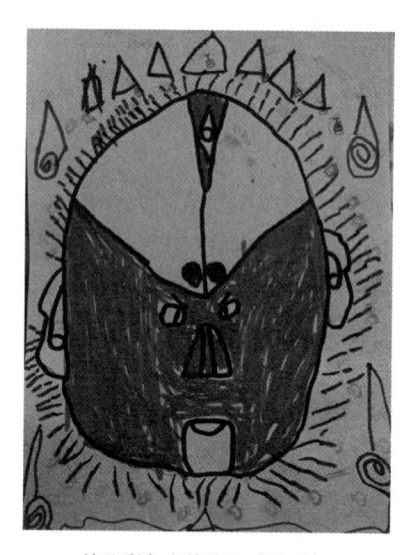

幼儿彩色水笔作品《脸谱》

教育资源小贴士

1. 生、旦、净、末、丑名词解释

　　生、旦、净、末、丑是中国戏曲特有的角色行当。它既是戏曲中艺术化、规范化的性格类型，又是带有性格色彩的表演程式分类。

　　生：戏曲表演行当主要类型之一，一般是对净、丑以外的男性角色的统称。按其扮演人物的年龄、身份、性格特征和表演特点，大致又可分为老生、小生、外、末、武生和娃娃生几类。

旦：戏曲表演行当类型之一，女性角色之统称。按扮演人物的年龄、身份、性格及其表演特点，大致可分为正旦、花旦、闺门旦、老旦和彩旦等类型。

净：戏曲表演行当类型之一，俗称花脸。以面部运用各种色彩和图案勾勒脸谱为突出标志，音色洪亮宽阔，演唱风格粗壮浑厚，动作大开大合、顿挫鲜明，表演性格气质豪迈或粗犷的人物形象，如包拯、张飞和曹操等即为净扮，是戏曲舞台上具有独特风格的造型。如按扮演人物的身份、性格及其艺术、技术特点归纳，可分为大花脸和二花脸两大支系，二花脸又有武花脸、油花脸等分支。

末：多数剧种将"末"并入老生，不另分行。

丑：戏曲表演行当类型之一。喜剧角色。面部化妆用白粉在鼻梁眼窝间勾画脸谱，与大花脸对比俗称"小花脸"，与"大花脸""二花脸"并列，俗称"三花脸"。丑角的表演一般不重唱功而以念白的口齿清楚、清脆流利为主，多用散白，表现上层人物时用韵白。相对地说，丑角的表演程式不像其他行当那样严谨，但有自己的风格和规范。这些表演上的基本特点，结合具体性格，可以表现幽默、机智的正面人物形象，也可以表现灵魂丑恶、道德败坏或品性上有严重缺陷的反面人物形象。按扮演人物身份、性格和技术特点，大致可分为文丑和武丑，各自又分若干支。

活动方案二十五：逛庙会（大班线描画）

活动背景：

　　北京庙会是中国传统民俗文化活动，最富北京的民俗特色。它具有祈福五谷丰登、风调雨顺、百姓安康的美好寓意，反映着劳动人民的智慧。

　　北京的庙会有的是一年一度，有的一个月内就有数天，会期除固定的，还有不定天数的。庙会的规模有大有小。一般来说，凡是庙院宽大、庙外宽敞，并处于四通八达、人口较为稠密之地，则庙会的辐射面广，规模也大。赶庙会大多是亲朋好友、左邻右舍成帮结伙地前往。乡下的农民也大多放下手中的农活去赶庙会，四乡八镇聚集来的人，买东西、看热闹、看演出，为庙会提供了广阔的商机。逢有较大规模的庙会，经营各种饮食小吃的、卖鞋帽布匹的、抽签算卦的、卖丸散膏丹的、打把式卖艺的、卖日用杂货的、唱大鼓拉洋片的、卖民间工艺品的等各类生意人、手艺人、江湖人都从四面八方赶来，使庙会成为民间经济文化活动的大舞台，体现了群众性和娱乐性。

　　老北京庙会的经典小吃有：豆汁、扒糕、灌肠、茶汤、油茶、艾窝窝、老豆腐、豌豆黄。庙会是与文化娱乐有关的节日活动，有各类民间艺人进行表演营生。其中主要有木偶戏、相声、双簧、魔术（我国古称"幻术"，俗称"变戏法"）、数来宝、耍中幡、秧歌、高跷等。

　　春节来临之际，幼儿园举行了"品年味，迎新年，逛庙会"的主题活动，让幼儿在感受原汁原味的中华优秀传统文化的同时，尽情享受赶庙会的乐趣，亲身体验中华民族文化的魅力所在，感受中华民族传统文化的精髓。为了让幼儿体验、感受、熟悉民族的传统节日，进而尊重我国的民间风俗习惯，热爱中华民族的传统文化，可以开展

"逛庙会"的美术活动。

生活中的庙会

活动目标：

1. 使幼儿知道逛庙会是老北京的传统民俗活动。

2. 幼儿能大胆并有创意地进行创作，体验绘画的快乐。

3. 幼儿和小伙伴分享交流自己逛庙会的感受。

活动准备：

1. 经验准备：在幼儿园参加逛庙会的主题活动，和家人一起去逛庙会。

2. 物质准备：

（1）教师材料：逛庙会的图片及视频课件。

（2）幼儿材料：黑色彩水笔、图画纸。

活动过程：

1. 情境导入，教师播放庙会的视频，引发幼儿的兴趣。

2. 教师出示逛庙会图片课件，引导幼儿有序地仔细观察庙会上的人物、事物，讨论庙会中的场景、摊位、人物活动。

3.幼儿选择自己感兴趣的庙会内容进行线描画创作，先用黑色水笔构图，然后依据内容运用不同的线条进行装饰。过程中教师要巡回指导。

活动评价：

　　1.请幼儿与同伴分享自己的作品，介绍作品中表现了哪些内容、都用了哪些线条来装饰。

　　2.教师与幼儿交流线描作品，积极鼓励并给予具体建议。

活动延伸：

　　将不同材料及工具投放到美工区、小超市，供幼儿进行各种活动。

教学活动建议：

　　1.幼儿在观察庙会的场景时要按顺序进行。

　　2.教师关注幼儿对线描画的兴趣，及时鼓励幼儿，增强幼儿的自信心。

教育资源小贴士

1.逛庙会文化延伸

　　逛庙会是春节期间一项重要的民俗活动。庙会，最早是一种民间的宗教仪式，在北魏时已经出现。庙会之时，通常由和尚、道士做"法事"或"道场"，举行各种宗教活动祭祀神佛。为了争取信徒，招徕善男信女，便在宗教仪式上增加了舞蹈、戏曲、出巡等娱乐性内容，后来又增添集市贸易活动。这样，寺庙、道观的庙会，便逐渐成为以宗教活动为依托的群众聚会的集市贸易形式。过年逛庙会，也就成为人们不可缺少的年俗活动。宋孟元老的《东京梦华录》记述了北宋都城东京开封府的岁时节令、风土习俗等社会风貌，所记载的开封府正月庙会的范围，从寺庙内直到"御街两侧"，"嘈杂十余里"，可见规模之大，范围之广。

逛庙会是老北京人过年时一项重要的游艺娱乐习俗。1937年印行的《北平庙会调查》记述，老北京庙会包含"香会""香市""庙市""市集"四种意义，其中的"'香会'或'香市'，大抵旧历岁时中，每年有一次或二三次节期，为佛道人鬼祭日，人民于此日结队进香敬神，或并举行'赛会'，迎神出游，有诸种娱神娱乐及玩耍杂货商业，如旧历正月之大钟寺、白云观、财神庙、黄寺、黑寺、雍和宫……"

春节期间，北京著名的寺观，如五显财神庙、东岳庙、白云观、大钟寺、雍和宫、隆福寺、护国寺等，都举行富有北京民俗特色的庙会，深受游客欢迎。旧时北京有正月初二到五显财神庙烧香借金银元宝的习俗。天刚蒙蒙亮，位于广安门外的五显财神庙已经挤满熙熙攘攘的香客，人们争着烧头炷香祭拜财神，"借"一对元宝回家摆在神龛上，祈望财神爷能保佑自己发财兴旺。以"福"文化为特征的东岳庙庙会，春节期间在庙中各殿悬挂盘香，吸引众多的游客前来烧香祈福。白云观是北京最大的道观，也是香火最盛、最具特色的春节庙会之一。白云观庙会的会神仙、顺星、打金钱眼、摸石猴、骑小毛驴等活动，都是饶有风趣的过年习俗。大钟寺，本名觉生寺，每年正月初一至十五开放庙会，游人纷集，香火旺盛。人们来到大钟寺，击打永乐大钟，用钟声迎接新年的到来；打金钱眼，在欢快的娱乐活动中寄托对美好生活的希望。每年春节庙会后，永乐大钟下面的八角井里，都堆积一米多厚的金钱。曾有诗云："觉生寺里大钟悬，蛾眼青蚨意爽然。世事看来当尽买，吉祥一卜也须钱。"

清代北京新建的喇嘛寺，如雍和宫、黄寺、黑寺，每年正月都举行祈福禳灾的打鬼庙会。喇嘛僧人扮演天神诸将，手执仪仗法器，绕寺跳舞布扎，以驱逐邪魔，俗名"打鬼"。每逢打鬼庙会，前来观看的游客甚多，有万家空巷之风。有一首署名子鸿的《打鬼》诗写道："春节将过处处新，喇嘛扮演各天神。驱逐邪魔非怪异，观者多在艳阳晨。"喇嘛寺打鬼庙会的情景，活灵活现地展现在面前。

每年正月初一至十五的厂甸庙会，是老北京春节期间最热闹的地方。厂甸原为明代工部为修建皇城而设置的一个琉璃厂，清乾隆年间开始形成热闹繁华的集市。过年时，北京人蜂拥而至逛厂甸，是因为正月里京城各古玩、字画、书店都在此搭棚列肆，张灯结彩，招徕游客，热闹非凡。各种各样的字画、字帖、珠宝、玉器、文物，让平民百姓大饱眼福；南北风味小吃、玩物摆件、儿童玩具，任你品尝和选购；踩高跷、舞狮子、耍龙灯、太平鼓、五虎棍的精彩表演，吸引人们驻足观看。正如清人杨静亭诗《厂甸》所说："新开厂甸值新春，玩好图书百货陈。裘马翩翩贵公子，往来多是读书人。"

厂甸庙会最受欢迎的是大糖葫芦和风车。厂甸的大糖葫芦，用精选的山楂穿在一米多长的荆条上，外面刷糖稀，顶端还插着几面红绿色的小纸旗，十分招人喜爱。风车是用秫秸、泥、竹片等制成，由风轮带动竹棍，敲击小鼓，哗哗地响个不停。人们带着在厂甸挑选的各种年货，高擎大糖葫芦和风车，喜盈盈地满载而归。鲁迅先生在北京居住的13年中，总共逛了40多次厂甸，仅1913年过年的半个月就去了7次，购买了不少文物、古籍和儿童玩具。

（选自王文章主编《中国传统节日》，中央编译出版社2010年版，第33—36页）

2.线描画中的点线面

（1）点

点是视觉所见很小的痕迹，且只有位置，不可分割的图形单位。在绘画和设计表现中，点是通过与其他造型元素，诸如线、面的衬比而得出的。在图形构成中，变化点与点间隔或点的大小渐变可以产生明暗的视觉效果；变化点的位置排列成大小对比可以表现图形的立体效果，点在绘画和设计的表现手法运用中，有着千变万化的形式与效果。（夏燕靖）

（选自奚传绩主编《美术教育词典》，人民教育出版社2009年版，第307页）

（2）线

从几何学的角度解释，凡一个点通过任意的移动可以构成有长度而没有宽度和厚度的"图像"即为线。线的表现形式可分为两类，一是有明确方向性的直线，如粗直线或细折线；二是不定方向性的曲线，如几何曲线或自由曲线。线的密集可以产生许多丰富的表现效果，同样线的并列又能产生明暗，甚至透视的效果。中国画中的用线更是千变万化，从马王堆帛画流畅飞扬的线描到晋代顾恺之的"春蚕吐丝描"，其紧劲连绵、循环超息、格调逸易的用线手法成为中国画表现之典范，延至唐代阎立本、吴道子更是将线的运用发展到"行笔磊落挥霍""虬须云鬓，数尺飞动，毛根出肉，力健有余"的境界。（夏燕靖）

> （选自奚传绩主编《美术教育词典》，人民教育出版社2009年版，第307页）
>
> （3）面
>
> 在几何学的概念中，具有长度和宽度，但不具有厚度的"图形"称为面。面的造型十分丰富，有面与面的组合，有面与点的组合，有面与线的组合，这一系列组合构成了面造型的韵律节奏美感。此外，将面的图形进行设计分割，又是面造型的重要形式美内容。例如，荷兰画家蒙德里安主张以几何形体的面，构成"形式的美"。作品多以垂直线和水平线，分割出长方形和正方形的面，其画风对现代设计的影响颇大。（夏燕靖）
>
> （选自奚传绩主编《美术教育词典》，人民教育出版社2009年版，第308页）

活动方案二十六：我爱北京天安门（大班综合材料制作）

活动背景：

天安门是明清两代北京皇城的正门，始建于明朝永乐十五年（1417），最初名"承天门"，寓"承天启运、受命于天"之意。

天安门城楼为中国传统的重檐歇山顶建筑，即由四个倾斜的顶面、一条正脊、四条垂脊、四条戗脊（垂脊下端折向的一条）和两侧倾斜层面上部转折成垂直的三角形墙面组成，形成两坡和四坡屋顶的混合形式，故有"八檐九脊"之称。城楼为木结构建筑，大殿飞檐下是排列有序的斗拱和梁枋。斗拱为中国传统木构架体系所独有，是斗形木弓形横木组成的具有翘、昂、拱特点的木制构件。梁枋又分额枋、檐枋，斗拱下面是额枋，上面绘彩画和金龙图案，柱子之间的构件叫檐枋，绘有金龙和玺图案。

城楼的主体建筑分为上下两层。上层是重檐歇山式，黄琉璃瓦顶的巍峨城楼，东西面阔九楹，南北进深五间，取"九五"之数，象征皇帝的尊严。城楼内所用木材大部分是楠木，大殿内有60根直径为92厘米的红漆木柱，承受着屋顶建筑大部分重力，排列整齐，柱顶上有藻井与梁枋，绘着金龙吉祥彩画和团龙图案。正面的36扇门窗为中国传统的菱花格式，屋顶上的天花藻井画的是团龙图案，在殿厅堂纵横交错的梁枋上绘的是金龙和玺彩绘。17盏古雅的大型宫灯，最大的那盏称为主灯，有8个面，全高6米，直径2.8米，重约450公斤；其余16盏为6个面的辅灯，每个高6米，直径2.2米，重约350公斤。每盏灯上的角各有一盏伞形小灯。地面铺的全是金砖，面积约2000平方米。屋顶的正脊与垂脊上装饰着螭吻、仙人、走兽。

下层是高13米的朱红色城台，四周环绕琉璃瓦封顶的矮墙，下部是1.59米高的雕刻精美的汉白玉须弥座台基，座上为高10多米的红色墩台，以每块重达43千克的大砖砌成。城楼基座周围有汉白玉栏杆、栏板，雕刻着莲花宝瓶图案。

《3—6岁儿童学习与发展指南》指出，要提供丰富的便于幼儿取放的材料、工具或物品，支持幼儿自主绘画、手工、歌唱、表演等艺术活动。为庆祝国庆节，班里开展了"祖国妈妈我爱您"这个主题活动，幼儿看到班里的主题墙是天安门造型，十分感兴趣。有的小朋友说他在电视上看过，还有的说他和爸爸妈妈一起去过，大家聊得不亦乐乎。为了进一步激发幼儿的爱国情怀，我们设计了综合材料制作"我爱北京天安门"这个活动。

天安门图片欣赏

活动目标：

1. 使幼儿了解天安门是北京的标志性建筑。

2. 能用手工材料表现天安门建筑的形象。

3. 感受天安门建筑的宏伟气势，激发幼儿对天安门的热爱。

活动准备：

1. 经验准备：幼儿看过天安门的照片，去过天安门，对天安门有一定的认知。

2. 物质准备：

（1）教师材料：天安门图片，天安门视频课件。

（2）幼儿材料：综合材料、胶棒、剪刀、A3白卡纸或黑卡纸。

活动过程：

1. 情境导入，教师带领幼儿观看天安门的视频，激发幼儿的兴趣。

2. 教师出示不同角度的天安门图片并引导幼儿观察造型样式、

颜色。引导幼儿讨论天安门城楼的屋脊上的角兽都分别是什么形状的、有几根柱子、几个拱门。

3.幼儿选择自己感兴趣的材料，进行拼贴组合表现。运用不同材质的材料，用点、线、面的方式进行综合拼贴创作。幼儿在进行创作的过程中，教师要巡回指导。

活动评价：

1.在班级公共区域进行以"我爱北京天安门"为主题的美术作品展览。

2.幼儿与同伴分享自己的作品，相互交流拼贴的体验感受。

活动延伸：

可以利用建构区的积木材料，进行天安门建筑的搭建活动。

教学活动建议：

1.指导幼儿学习多种材料的使用方法，初步掌握综合材料拼贴的基本规律。

2.丰富幼儿使用材料的经验，提供贴近幼儿熟悉的材料并练习粘贴。

3.关注幼儿参与度和积极性，鼓励幼儿大胆创作。

教育资源小贴士

1.幼儿手工活动的材料

可用于幼儿手工的材料种类丰富、形态多样，如各种种子、废旧布料、面团毛线、盒子以及蔬菜、瓜果等。归结起来，常见的手工材料可以分为：点状材料、线状材料、面状材料和块状材料4种形态。点状材料主要有种子、沙子、石子、珠子、纽扣、谷物、果仁、木屑等。

点状材料主要用于作品完成后的装饰，也可通过串联、拼贴、粘接、镶嵌、垒积等方法制作成平面或立体的作品，如用谷物做小动物的眼睛，用细沙子做粘贴画等。

线状材料主要有纸条、绳子、棉线、毛线、树枝、吸管、电线、橡皮筋等。线状材料可以通过编织、盘绕、拼贴、拼接、插接等方法来制作成平面或立体的作品，如用绳子编花篮等。

面状材料主要有各种纸、布、树叶、花瓣、羽毛、木板、铁片、塑料片及薄膜等。面状材料可通过剪、撕、折、染、卷、粘贴等方法制作成平面或立体的作品，如布艺拼贴画、剪贴画等。

块状材料主要有各种蔬菜、水果，各种材质的盒子、瓶罐、泥块、面团、石块、纸杯等。块状材料可通过塑、刻、挖、拼接、组合、串联、剪等方法制作成立体的作品，如捏泥人、蔬果造型等。

2. 天安门附近建筑

（1）金水桥

金水桥分为内外金水桥，建于明永乐年间。内金水桥位于太和门前广场内金水河上，系五座并列单孔拱券式汉白玉石桥。横亘在天安门前外金水河上的三孔拱券式汉白玉石桥为外金水桥，重建于清康熙二十九年（1690）。桥面略拱，桥身如虹，构成绮丽的曲线美，中间最突出的一座雕着蟠龙柱头的桥面，只允许皇帝一人通过，叫"御路桥"；左右两座雕有荷花柱头的桥面，只允许亲王通过，叫"王公桥"；再两边的，只允许三品及以上的文武大臣通过，叫"品级桥"；最靠边的普通浮雕石桥，是四品及以下官吏和兵丁走的，叫"公生桥"。5座内金水桥除有类似严格的等级规定外，还表示"万方来朝"之意。

（2）华表

明永乐年间建造承天门时建立的两对华表，巧妙点缀了精美的故宫建筑群，增强了古老建筑艺术的整体感。华表是天安门的一个重要标志，与雄伟壮丽的天安门城楼、雍容典雅的金水桥、威武雄健的石狮子浑然一体，已成为天安门前一道特有的美丽景观。天安门前华表顶上的蹲兽名"犼"，面朝皇宫外面，人们称它"望天犼""望君归"。在天安门城楼后边也有两座同样的华表，顶端也蹲着一只石犼。华表上的石犼面向北，朝着皇宫的方向，人们称它"望君出"。"望君出"是劝诫皇帝不要一直待在宫殿里，应该到民间看看百姓的疾苦。

天安门前金水桥畔两座对称的华表，原来并不在此处。中华人民共和国成立后，天安门广场在每年的5月1日和10月1日，都要举行盛大的游行集会。为方便游行队伍和交通的便利，1950年8月，把华表分别向东、向西并向北挪移数米至金水河岸边并列摆放。

（3）天安门前石狮子

天安门前金水桥南北各安置一对身躯庞大的石狮。这4个白玉石大狮子，雕刻精致。据《中国狮子艺术》一书记载："这两对石狮雕刻于明代永乐十五年（1417），高2.5米，加上底座总高近3米，头顶13个疙瘩，按当时规制，是最高等级的石狮。"这两对石狮雕刻比例协调，瞪着大眼睛，微微侧歪头，半咧着嘴，鬣毛工整地缠卷成涡旋状，前腿上有一个不大的"圆钱"纹，身披璎珞盘结锦带，胸绶带上有环铃和璎珞穗坠。石狮的用材是一种灰白中夹带着均匀浅灰绿色斑的石头，抗自然风化能力强。石狮用整块料石雕凿而成，造型、尺寸和刻工都一样，体现了明朝的雕刻工艺，是北方石狮的代表。

活动方案二十七：我家的四合院（大班欣赏）

活动背景：

　　中国传统的住宅形式多为院落布局。一般来说，四合院是过去人们最理想的建筑形式，而北京四合院又是四合院住宅中最具代表性的一种，其布局不仅讲究尺度与空间，而且中轴线东西两侧建筑对称。房舍、院落在整齐中见变化，于简朴中显幽雅。

　　四合院四方四正，里面暗含一个"井"字格局。北京的四合院中，大门、影壁、垂花门、游廊都是为增加气派而设置的。

　　四合院建筑，不仅和中国人的伦理观念契合无间，而且表达了中国人中正平和、变通有则的处事态度。房舍左右及后方，辟地兴建花园，布置假山水池。处于花园和院落之间的房屋，一般前后两面都设窗，这种房屋叫作厅。厅一般都前后设廊，有一种清雅空灵的意境。

　　典型的四合院，一般为两进以上的院落。四合院内由二门起到正房止，常有游廊围绕。游廊不仅遮雨，而且使院庭产生回合，有波澜跌宕的意趣。大门一般设在左前端，进门即是照壁，照壁一般是清水砖墙，多数采用水磨砖，考究的还使用砖雕，加上线脚、雕花、图案、福喜字等装饰，有一种典雅宁静之感。院内幽深寂静，夏天时可以作为一个很好的户外起居室。院庭内往往铺地砖，摆上一些盆花和盆景，院庭就兼做小园，增加雅趣。大门也是装饰的重点，一般门两侧都有雕刻精美的石鼓。门侧的墙壁一般都使用水磨砖，严丝合缝，给人以庄重感。生活在四合院中的人们，能够充分发挥养老扶幼、晨昏定省的和睦共处精神，四合院的寓意是不言而喻的。

四合院图片欣赏

活动目标：

1.通过欣赏北京四合院的布局，了解对称建筑的特点以及四合院的基本结构和名称。

2.通过感受四合院中大门、影壁、外院、内宅、庭院等布局特色及所蕴含的寓意和象征性，增进幼儿对北京、对家乡的感情。

活动准备：

1.经验准备：幼儿有参观过老北京四合院的经历。

2.物质准备：

（1）教师材料：老北京四合院的图片课件。

（2）幼儿材料：签字笔、剪刀、彩色纸、图画纸、糨糊。

活动过程：

1.教师播放四合院图片，让幼儿欣赏北京四合院的结构特点。

2.观察讨论：

（1）教师引导幼儿观察四合院"口"字形特点，感受四合院的造型布局。

(2)教师引导幼儿讨论四合院房屋的名称、使用功能及寓意。

3.表现创作：幼儿运用剪、贴、绘等综合技能制作北京四合院。

活动延伸：

建筑区、美工区投放多种材料，供幼儿进行多样化的表达。

教学活动建议：

1.引导幼儿从不同角度欣赏四合院的造型和结构，让幼儿感受房屋组合和造型呈现出的美。

2.鼓励幼儿大胆地想象，肯定幼儿欣赏作品时所表达的看法和观点。

3.在幼儿创作过程中鼓励幼儿根据自己的想法进行表现，让幼儿充分感受美术创作活动的乐趣。

教育资源小贴士

1. 四合院

四合院是中国民居的类型之一，北京、河北、山东和东北地区等都有这类民居，但以北京的四合院最有代表性。北京的四合院住宅又称"四合房"，建筑物面向院子布置，正房在纵轴线上，两侧厢房相对而立。一般的四合院是由一具正房、两个厢房组成。较大的住宅可沿纵轴线设计两个、三个以至多个这种"一正两厢"，形成多进院。正房或正厅在尺度、用料、装修的精致程度上都大于、优于其他房屋。长辈住正房，晚辈住厢房，妇女住内院，来客和男仆住外院，这些都是为了符合中国封建社会家庭生活中要区别尊卑、长幼、内外的礼法要求。（奚传绩）

（选自奚传绩主编《美术教育词典》，人民教育出版社2009年版，第45页）

2.门当户对

门当，是中国传统建筑门口相对放置的一对石墩或石鼓。在古代，不同等级的家室门当的等级十分森严。在建筑学上，门当为"门枕石"的一部分，俗称门墩，又称门座、门台、门鼓，抱鼓石用石鼓，是因为鼓声宏阔威严、厉如雷霆，人们以为其能避鬼避邪，故民间广泛用门枕石代"门当"。

户对，是指门楣上面用来固定门框的砖雕或木雕，因为都是双数，所以叫"户对"。"户对"通常为圆柱形或方形，每根约长30厘米，与地面平行。"户对"的横截面刻有图案，因为它们伸出房檐形似古代妇女头上的发簪，所以又往往被称为"门簪"。而"户对"的多少与主人家的财势成正比。

门当户对，指的是男女双方家庭的地位、财势相当，适合结亲。

第四节 传统文化中的文学故事

一、传统文学故事的文化内涵

文学故事有着巨大的教育价值。幼儿对故事、儿歌等充满浓厚的兴趣，文学活动从一个具体的文学作品入手，通过开展一系列活动，激发幼儿对文学作品的兴趣，提升幼儿的语言感受能力和审美能力，培养幼儿的倾听习惯和倾听能力，激发幼儿的表达热情，从而促进幼儿语言的全面发展。

文学活动的主要目的不在于通过文学作品进行知识教育和道德教育，而是更侧重于文学审美能力、文学理解力、文学想象能力的培养。这是一个包含欣赏美、理解美、表现美的过程。所以，文学活动对于幼儿身心发展的促进作用是全方位的，教师要从多个角度挖掘其教育价值，充分发挥文学作品教育的作用。

故事是幼儿最喜欢的一种文学形式。故事的种类很多，有童话故事、儿童生活故事、寓言故事、革命传统故事、历史故事、民间故事，等等。适合幼儿欣赏或阅读的故事是指内容单纯、篇幅短小、情节生动有趣的幼儿文学作品，主要以童话故事、儿童生活故事为主。故事通过典型的人物形象、曲折的情节内容、生动优美的语言，吸引着幼儿，使幼儿从中受到感染和教育，懂得什么是真善美，什么是假丑恶，从而培养起爱憎分明的情感。故事同时还能提供丰富的语言材料。一部好的故事作品，语言简洁规范、生动优美、富有情感，幼儿可以从中学到大量词汇和优美的语句，积累丰富的语言材料。此外，通过故事活动，还能增长幼儿知识、发展智力、培养幼儿的审美能力。

幼儿诗歌是儿童文学作品的重要组成部分。它包括儿歌、儿童诗以及浅显易懂的古诗等，也有一些以绕口令和谜语的形式出现。诗歌的意境优美、语言精炼、想象丰富、有节奏、有韵律，念起来朗朗上口，好学好记，所以深受幼儿喜爱。幼儿学习各种类型的诗歌，可以丰富他们的想象力，发展他们的思维和语言，提高朗诵水平，还可以使幼儿感受诗歌的语言美和意境美，增强对文学作品的兴趣，陶冶幼儿的情操，培养他们的高尚品德。

二、传统文学故事中幼儿园教育活动方案

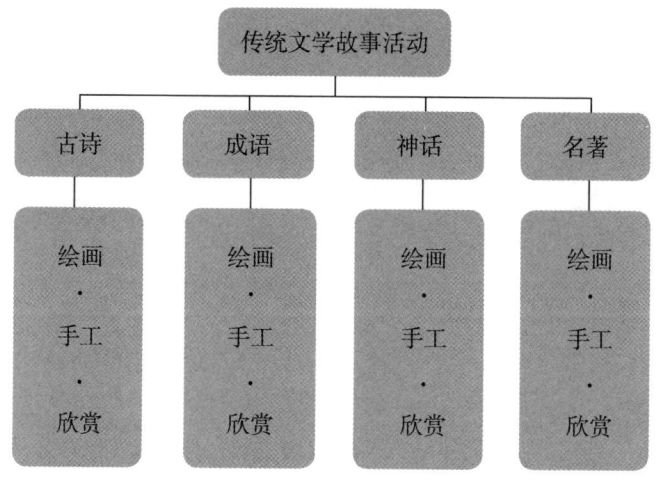

```
                传统文学故事活动
         ┌─────────┬─────────┬─────────┐
        古诗      成语      神话      名著
         │         │         │         │
        绘画      绘画      绘画      绘画
         ·         ·         ·         ·
        手工      手工      手工      手工
         ·         ·         ·         ·
        欣赏      欣赏      欣赏      欣赏
```

传统文学故事活动结构图

（一）古诗

古诗是古代中国诗歌的泛称，指古代中国人创作的诗歌作品。广义的古诗包括诗、词、散曲，狭义的古诗仅指诗，包括古体诗和近体诗。

古体诗是诗歌体裁的一种，从诗句的字数看，有所谓四言诗、五言诗和七言诗等。近体诗，又称今体诗、格律诗，是一种讲究平仄、对仗和押韵的汉族诗歌体裁，为有别于古体诗而有近体之名。词是一种诗的别体，萌芽于南朝，是隋唐时兴起的一种新的文学样式。到了宋代，经过长期不断地发展，进入到全盛时期。散曲是一种韵文形式，出现于南宋和金代，盛行于元代，是受民间歌曲的影响而形成的，句法较词更为灵活。现代诗也叫"白话诗"，最早可追溯到清末，是诗歌的一种，与古典诗歌相比，虽都为感于物而作，但一般不拘格式和韵律。

诗按有无完整故事情节，可以分为抒情诗、叙事诗；按表现内容可分为田园诗、山水诗、讽刺诗、史诗、牧歌、哀歌、颂歌、哲理诗等；按表现形式可分为古体诗、近体诗、格律诗、律诗、绝句、排律、朗诵诗、打油诗、自由诗、十四行诗、歌谣、民歌、儿歌、童谣、散文诗等。

（二）成语故事

成语故事是我国历史的一部分，是历史的积淀，每一个成语的背后都有一个含义深远的故事，是我国几千年以来人民智慧的结晶。其特点是深刻隽永、言简意赅。阅读成语故事，可以了解历史、通达事理、学习知识、积累优美的语言素材。所以，学习成语是青少年学习中国文化的必经之路。成语故事以深刻形象的故事典故讲述一些道理，它奠定着我国的文化之基。

《幼儿园教育指导纲要(试行)》指出："要引导幼儿接触优秀的儿童文学作品，使之感受语言的丰富和优美。"成语故事是中华民族文化宝库中绚丽、独特的一朵奇葩，凝聚着传统文化的精华，蕴含着丰富的知识和发人深省的道理，具有深厚的教育意义。在园所传统文学故事活动的实施中，可以一系列成语故事为载体，通过绘画、手工、欣赏，探究其在主题教育活动、区域游戏、学习品质、一日生活环节、故事表演中的实践与思考。

(三)神话故事

神话故事是民间文学的一种，是远古时代广大民众的集体口头创作，包括神鬼的故事和神(鬼)化的英雄传说。其产生表现了古代人民对自然力的斗争与对理想的追求，它是一种精神寄托。

作为民间文学的一种形式，神话是远古时代的人民所创造的反映自然界、人与自然的关系以及社会形态的具有高度幻想性的故事。

神话的产生有其特定的现实基础和思想基础，因此决定了它的兴旺时期只能是人类的童年。随着历史的发展，大自然逐步被支配，人们的认识逐步提高，注意中心转移。这时，对自然和社会的神化不再成为人类意识的特征，民间文学作为劳动人民生活和思想的一面镜子，从内容到表现方法，都必然产生较大的改变。

神话是远古时期的产物，它的流传又因为社会性质的改变而变形或消亡，因此它的保存特别依赖于古文献的记录。古籍中记述神话较多的有《山海经》《楚辞》等，在《国语》《左传》及《论衡》等书中也保存有片段材料。材料虽少，但仍可以看出我国古代原来的神话是体系庞大、内容丰富的。

（四）名著

名著就是指具有较高艺术价值和知名度，且包含永恒主题和经典的人物形象，能够经过时间考验经久不衰，被广泛认识以及流传的文字作品，能给人们以警示和深远影响的著作。名著可以使人陶冶情操，在经典的名著里去探索、去挖掘那些潜在的文学风格。

中国古典长篇小说四大名著，简称四大名著，是指《水浒传》《三国演义》《西游记》《红楼梦》（按照成书先后顺序）这四部巨著。

四大古典名著是中国文学史中的经典作品，是世界宝贵的文化遗产。此四部巨著在中国文学史上的地位是难分高低的，都有着极高的文学水平和艺术成就，细致的刻画和所蕴含的深刻思想都为历代读者所称道，其中的故事、场景、人物已经深深地影响了中国人的思想观念、价值取向，可谓中国文学史上的四座丰碑。

四大名著承载着无数文化精华，在浩瀚如烟的古典小说领域中犹如四座屹立不倒的高山，任沧海桑田如何变幻，其伟岸身姿始终不被湮灭。不论是在艺术手法还是在思维深度上，它们都代表了中国古典小说的巅峰，是悠悠中国文学史上灿烂辉煌的一笔。四大名著为我们提供了了解中国传统人文、社会、伦理、历史、地理、民俗、心理、处事策略的机会，在怡情悦性的同时，也让我们更深刻地理解自己的民族和文化。

第三章 传统文化中幼儿美术教育活动实践 | 187

幼儿水墨作品《鹤立鸡群》

幼儿水墨作品《虎头蛇尾》

幼儿水墨作品《悯农》

幼儿水墨作品《守株待兔》

幼儿水墨作品《小池》

幼儿水墨作品《咏鹅》

活动方案二十八：孔融让梨（小班绘画）

活动背景：

孔融让梨是中国东汉末年文学家孔融小时候的一个故事。《三字经》中有"融四岁，能让梨"，在孔融小时候就知道把梨给哥哥吃。李贤注解的《后汉书·孔融传》中的《融家传》记载：孔融四岁的时候，和哥哥们一起吃梨，孔融总是拿小的吃。有大人问他为什么这么做，他回答说："我年龄小，食量小，按道理应该拿小的。"由于孔融这么聪明早慧，很小就懂得这样的道理，宗族亲戚们认为他是个奇才。

《孔融让梨》图片欣赏

活动目标：

1. 小朋友们看完《孔融让梨》的故事后，用自己的语言表现故事中的内容。

2. 观察梨的外形特征，能用自己喜欢的色彩表现。

3. 体验创作的快乐，初步养成正确使用材料以及摆放物品的良好习惯。

活动准备：

1. 经验准备：幼儿活动前听过《孔融让梨》的故事。

2. 物质准备：

（1）教师材料：《孔融让梨》动画片课件、实物梨。

（2）幼儿材料：12色彩色水笔、A4白色图画纸。

活动过程：

1.情境导入，引导幼儿兴趣：

（1）播放《孔融让梨》动画片课件，激发幼儿的兴趣。

（2）教师请幼儿说一说对故事内容的理解。

（3）幼儿自由表述自己的感受，教师小结。

2.教师出示实物梨，引导幼儿观察。

3.探索表现方法：

（1）引发幼儿探索的兴趣。

（2）教师引导幼儿按照自己喜欢的方式表达。

4.幼儿进行创作，教师巡回指导：

（1）教师介绍绘画工具材料，鼓励幼儿大胆表现。

（2）在作画过程中提醒幼儿绘画的要求及方法。

活动评价：

1.请幼儿说一说自己都用了哪些颜色画梨。

2.教师将幼儿的作品布置在班级作品栏进行展示。

活动延伸：

在区域中可以用不同的美术材料进行多元化的表现。

教学活动建议：

1.在关注全体幼儿绘画表现的基础上，要注意个性化的指导。

2.在绘画过程中，出现个别幼儿胆小、不自信、不敢画、小手肌肉不够灵活的情况，教师要给予幼儿支持和耐心的帮助。

活动作品展示：

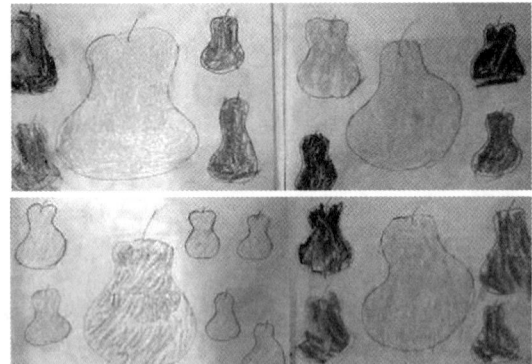

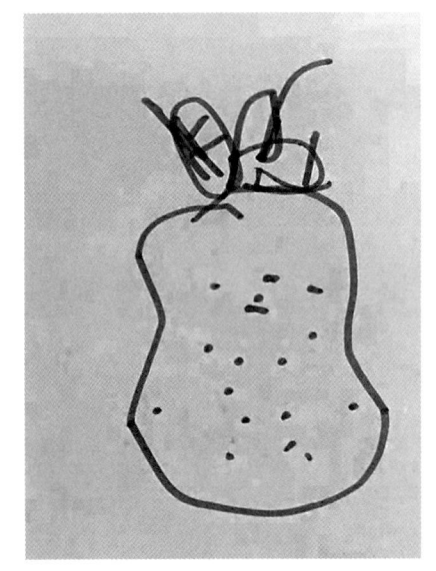

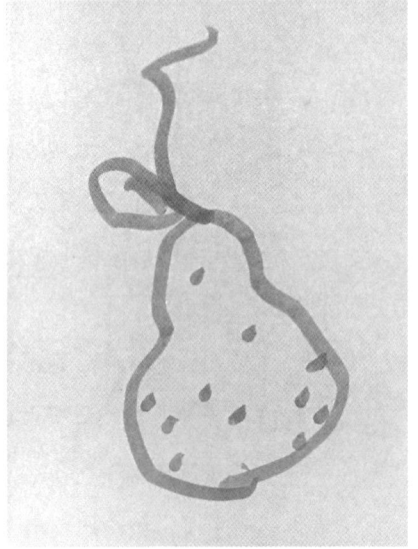

幼儿作品《梨》

教育资源小贴士

1. 孔融

孔融（153—208），字文举，鲁国鲁县（今山东曲阜）人，东汉末年文学家，"建安七子"之一，家学渊源，是孔子的二十世孙，元城（今河北大名县）县令、泰山都尉孔宙之子。少有异才，勤奋好学，与平原人陶丘洪、陈留人边让并称俊秀。孔融能诗善文，散文锋利简洁，代表作是《荐祢衡表》。

《孔融让梨》的故事告诉我们，凡事应该懂得尊老爱幼，这些都是年幼时就应该知道的道德常识。古人对道德常识非常重视，道德常识是启蒙教育的基本内容，融于日常生活、学习的方方面面。

2. 技法材料

彩色水笔也叫尼龙水笔，属水彩系列，是儿童画最常见的作画工具。彩色水笔的优点是水分足，色彩丰富鲜艳，缺点是水分不均匀、色彩间过渡不自然，两色较难调和。因此，一般适合幼儿填充各种轮廓，丰富画面，有时也可作记号笔。

彩笔画是儿童使用各种彩笔在卡纸、铅画纸或墙上完成的绘画。彩笔画常用的工具有蜡笔、油画棒、彩色铅笔、彩色墨水笔、彩色粉笔等。因各种彩笔材质的不同，绘画效果也不同。在彩笔画的学习中，主要是让儿童学习握笔、勾线、均匀涂色等。

图画纸是供幼儿创作水彩画、铅笔画、蜡笔画、油画棒画、彩笔画等绘画的绘图用纸，纸质洁白厚实，纸面具有不规则的纹痕，耐摩擦，并有较好的耐水性能，在画水彩画时，不至出现扩散现象。

3. 幼儿绘画特点

小班幼儿的年龄在三四岁，处于涂鸦期后期与象征期早期阶段。这一阶段的幼儿对造型有着很强的新鲜感，比较喜欢颜色鲜艳、明度高的形象，但观察是无顺序的，能识别出形象的整体轮廓和特征突出的部分，往往注意不到细节，画面表现具有随意性的特点。由于手部的小肌肉群尚未充分发育，操控工具的能力比较弱。

活动方案二十九：后羿射日（小班手工拓印）

活动背景：

后羿射日，又称"羿射九日"，是中国古代神话传说。传说古时候，天空上有10个太阳，他们都是东方天帝的儿子。这10个太阳跟他们的母亲（天帝的妻子）共同住在东海边。十个太阳每天一换，轮流当值，秩序井然，天地万物非常和谐，人们在大地上生活得也很幸福，人和动物也能够和睦相处。

可是，这样的日子过长了，这10个太阳就觉得非常无聊，他们决定要一起周游天空。于是当黎明来临时，这10个太阳一起爬上双轮车，踏上了穿越天空的旅程。这一下，大地上的人和万物可就受不了了。因为这10个太阳像10个大火团，它们一起散发的热量把大地烤焦了，把森林烧着了，河流也干枯了，人们在火海的灾难中苦苦挣扎。就在这时，有个年轻英俊的英雄名叫后羿，他是个神箭手，箭法高超，百发百中。他看到人们生活在火难之中，心中十分不忍，便暗下决心要为人们射掉那多余的9个太阳。

于是,后羿翻过了99座高山,穿过99片荒漠,来到了东海边,他登上了一座大山,山脚下就是茫茫的大海。后羿拉开了万斤弓弩,搭上千斤重利箭,瞄准天上火红的太阳,嗖地一箭射去,中了箭的9个太阳一个接一个地死去,直到最后剩下一个太阳才停下来,留着它为大地和万物继续贡献光和热。

从此,这个太阳每天从东方的海边升起,晚上从西边山上落下,温暖着人间,为万物生存提供能量。从此,人们安居乐业,过着幸福的生活。

活动目标:

1. 在了解《后羿射日》的基础上,尝试用拓印的方法大胆表现太阳。
2. 初步尝试运用纸球进行拓印。
3. 感知色彩变化、体验美术活动的乐趣。

活动准备:

1. 经验准备:幼儿有拓印和玩色的经验。
2. 物质准备:
   (1)教师材料:《后羿射日》动画片课件、幼儿绘画作品。
   (2)幼儿材料:皱纹纸若干、图画纸、水粉颜料(红、黄、蓝等色)、调色盘、水杯、小抹布、围裙、袖套。

活动过程:

1. 情境导入,引导幼儿兴趣:
   (1)播放《后羿射日》动画片课件,激发幼儿的兴趣。
   (2)欣赏幼儿绘画作品,唤起幼儿的认知回忆。
2. 教师出示后羿射日相关的绘画作品,引导幼儿观察。

3.探索表现方法。

(1)教师和幼儿一起团纸球,进行纸球拓印。

(2)尝试用纸球蘸颜料,进行印画,感受操作带来的乐趣,体验颜色的变化。

4.幼儿进行创作,教师巡回指导。

活动评价:

1.请幼儿说一说自己都用了哪些颜色拓印太阳。

2.将幼儿作品布置在班级作品栏进行展示。

活动延伸:

将不同材料及工具投放到美工区,供幼儿进行各种拓印活动。

教学活动建议:

1.提供足够量的颜料,留出一定的创作空间,鼓励幼儿大胆、自信地进行纸团拓印,体验其中的乐趣。

2.教师观察幼儿的表现,指导幼儿运用有序排列、重叠堆砌、涂抹等方法轻松自由地创作。

教育资源小贴士

1.技法材料

拓印画是将一张薄纸平铺在硬币、树叶、钥匙等具有明显凹凸纹理的物体上,然后用彩色铅笔在纸上反复涂抹,或用纸团、布团(纱布内包棉花或海绵)、泡沫块等拓印工具蘸颜料后在纸上拍印,直至拓印出原物体清晰的纹路。在拓印画中,幼儿要学习均匀地拓印。

水粉颜料是不透明水溶性颜料，由粉质的材料组成，具有色彩厚重、覆盖性强等特点，可用于较厚的着色，大面积上色时也不会出现不均匀的现象，且色彩鲜明，容易引起幼儿创作的兴趣。

2. 幼儿拓印特点

幼儿初步尝试用纸球拓印，通过操作不一样的材料，感知颜色的变化，增加他们的兴趣度，同时锻炼手眼协调和小肌肉的发展，最终达到提高幼儿们参与艺术活动的积极性、增强幼儿们的审美感受的目的。

活动方案三十：后羿射日（小班欣赏）

活动背景：

太阳是世间万物的生命之源，如果没有了太阳，世界就会一片黑暗，人们就无法生存。可是如果天上出现了10个太阳，大地上会出现什么样的景象呢？中国的传说中，天空出现了10个太阳，导致人们无法生存。这时一位英雄出现了，他就是后羿。后羿力大无穷，一口气能射掉9个太阳，他帮助人们过上了幸福的生活。这就是《后羿射日》的神话传说。在听了神话传说《后羿射日》以后，小朋友们最近经常谈起，大家都喜欢后羿的勇敢和友爱。为了增强幼儿对神话故事的热情，我们准备了《后羿射日》的视频欣赏活动。

《后羿射日》图片欣赏

活动目标：

1. 欣赏《后羿射日》的动画片，体验动画片所表现的丰富的色彩，感受后羿的勇敢和关爱他人的精神。

2. 通过欣赏《后羿射日》，运用美术材料多样化地表现自己喜欢的内容。

活动准备：

1. 经验准备：幼儿有听过《后羿射日》的神话故事。

2. 物质准备：

（1）教师材料：《后羿射日》动画片课件。

（2）幼儿材料：12色油画棒、图画纸。

活动过程：

1. 初步欣赏：

（1）教师播放《后羿射日》动画片，激发幼儿的兴趣。

（2）教师请幼儿描述自己在动画片里看到的内容。

2. 讨论动画片的艺术特色，教师引导幼儿从色彩、造型元素等几个方面讨论作品的表现形式。

3.幼儿创作，教师巡回指导。幼儿用油画棒大胆表现自己喜欢的内容。

活动延伸：

用自己的话跟家人讲讲《后羿射日》的故事。

教学活动建议：

让幼儿重点感受画面所表现的丰富的色彩和造型，同时也了解动画片中人物的情感。

活动作品展示：

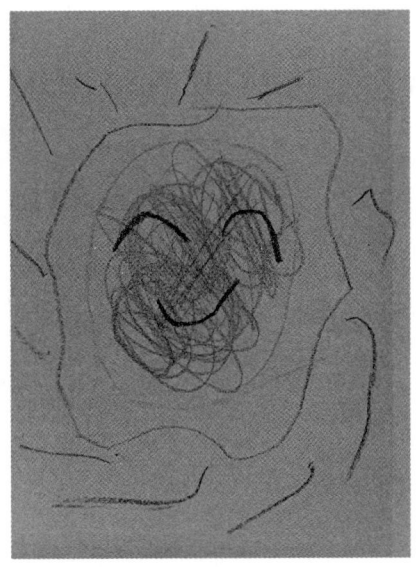

幼儿油画棒作品《太阳》

教育资源小贴士

1. 艺术欣赏与艺术创作

　　艺术感知与欣赏是艺术创作与表现的基础。艺术创作与表现反过来又可以使儿童的艺术感知与欣赏水平不断丰富和深化。教师应该有意识、有重点地选择欣赏的作品、照片、图片等，用适宜的方式调动儿童的已有经验，启发、引导幼儿进行充分、深入的感知欲体验。在儿童创作与表现的过程中，教师可以适时通过暗示、创设情境等促进幼儿的感知欲、欣赏经验的迁移和深化。

2. 油画棒技法

　　点彩法：用油画棒的一端在纸上轻击以形成彩色圆点。

　　混色法：在一块上色区域的边上，再涂上另外一种颜色，然后用手指或纸头把颜色混在一起并涂平。

　　预混色法：画在纸上之前，可先在调色板上混合颜料。

　　层涂法：上好底色，然后选择另外一种颜色，用油画棒的粗头把第二种颜色涂在底色上。或用酒精溶解油画棒，然后用画笔把混合色刷在底色上，这种技法能够产生更加透明的效果。

　　分层法：用油画棒上色后，用手指或面巾涂抹颜色。酒精和松节油也可用于产生分层效果。

　　松节油的使用方法：松节油和彩色油画棒混合使用可产生分层效果或使色彩更加透明。松节油可以直接用在油画棒涂抹的颜色上，或用来为油画棒打底。

活动方案三十一：狐假虎威（中班想象画）

活动背景：

　　从前有一个山洞，山洞中有一只老虎，因为肚子饿了，便跑到外面去寻找食物。当它走到一片茂盛的大森林时，忽然看到前面有只狐狸正在悠闲地散步，老虎顿时觉得这是个千载难逢的好机会，于是便跃身扑过去，毫不费力地将狐狸擒来。

　　可是正当它张开嘴巴，准备把那只狐狸吃进肚子里的时候，狡猾的狐狸突然说话了："哼！你不要以为自己是百兽之王，便敢将我吃掉。你要知道，天帝已经命令我为这森林里的王中之王，无论谁吃了我，都将遭受到天帝极其严厉的制裁与惩罚。"老虎听了狐狸的话，半信半疑，可是，当它斜过头看到狐狸那副傲慢镇定的样子，心里不觉一惊，原先那股嚣张的气焰和盛气凌人的态度竟消失了大半。虽然如此，老虎心中仍然在想：我才是百兽之王，所以天底下任何野兽见了我都会害怕。而它，竟然是奉天帝之命来统治我们的！这绝对不可能。

　　狐狸见老虎迟疑着不敢吃它，知道它对自己的那一番说辞已经相信了几分，于是便更加神气十足地挺起胸膛，指着老虎的鼻子说："怎么，难道你不相信我说的话吗？那么你现在就跟我来，走在我后面，看看所有野兽见了我，是不是都吓得魂不附体，抱头鼠窜。"老虎觉得这是个好主意，便照着去做了。于是，狐狸就大摇大摆地在前面开路，而老虎则小心翼翼地跟在后面。它们没走多久，就隐隐约约看见森林的深处，有许多小动物原本正在那儿争相觅食，但是当它们发现走在狐狸后面的老虎时，不禁惊慌失措，四散狂奔。这时，狐狸很得意地转过头去看老虎。老虎也目睹了这种情形，不禁也是一阵心惊胆战，但它并不知道其实野兽真正害怕的是自己，还以为它们真是怕狐狸呢！

　　这是一则家喻户晓的寓言故事，说的是狐狸凭自己的诡计和智谋逃出了虎口。后来都用来比喻依仗别人的势力欺压人。

《狐假虎威》图片欣赏

活动目标：

　　1. 通过听故事，了解狐狸和老虎的性格特点。

　　2. 尝试用线条表现《狐假虎威》的故事。

活动准备：

　　1. 经验准备：幼儿听过《狐假虎威》的成语故事。

　　2. 物质准备：

　　　　（1）教师材料：《狐假虎威》成语故事视频课件、老虎和狐狸的图片若干。

　　　　（2）幼儿材料：签字笔、彩色水笔、图画纸。

活动过程：

　　1. 情境导入，引导幼儿兴趣：

（1）教师播放《狐假虎威》动画片课件，激发幼儿的兴趣。

（2）教师请幼儿说一说在动画片里看到了哪些小动物。

（3）幼儿自由表述自己的感受，教师小结。

2.教师出示老虎和狐狸的图片，引导幼儿仔细观察老虎和狐狸的外形特征。

3.幼儿进行创作：

（1）根据图片的提示，凭借记忆与想象开始创作。

（2）注意线条的疏密关系，随着画面的造型变化而深入。

（3）大胆地表现自己对老虎和狐狸的感受。

活动评价：

1.幼儿与小伙伴们分享交流自己的作品。

2.教师小结幼儿作品，提出修改建议。

活动延伸：

1.可以用连环画的方式续编《狐假虎威》。

2.自制玩具，做狐狸和老虎的头饰道具。

教学活动建议：

1.教师鼓励幼儿对老虎、狐狸进行想象、创造。

2.教师针对幼儿画面当中的内容给予鼓励和支持。

活动作品展示：

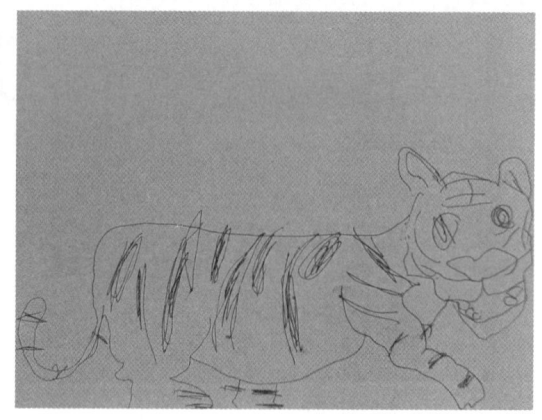

幼儿作品《狐假虎威》

教育资源小贴士

1. 成语《狐假虎威》

狐假虎威，狐，指狐狸；虎，老虎；威，威风。狐假虎威是先秦时代汉族寓言故事，后用来比喻仰仗或倚仗别人的权势来欺压、恐吓他人。

虎求百兽而食之，得狐。狐曰："子无敢食我也，天帝使我长百兽，今子食我，是逆天帝命也。子以我为不信，吾为子先行，子随我后，观百兽之见我而敢不走乎？"虎以为然，故遂与之行。兽见之皆走，虎不知兽畏己而走也，以为畏狐也。（出自《战国策·楚策一》）

2. 技法材料

想象画是利用视觉形象等来展现思维的一种绘画，是美术创作课内容之一，启发和指导学生将生活中期望或者幻想的美好情节，通过记忆和积累的各种素材，创造出具有典型意义和审美情趣的艺术形象。可反映现实或进行虚构，也可采用写实的手法或理想的、象征的、变形的、拟人化的表现手法。由此，可使学生打破时间、空间的局限，充分展开想象的翅膀，描绘自己心中的理想世界，培养学生的创造性思维。

线描画是单纯用线画成的画，是幼儿绘画中最基本的也是最容易表现的一种形式。用线画物体不受光线、色彩的限制，能使儿童更自如地认知世界。幼儿线描画使用的工具比较简单，选用不同的工具材料会产生不同的艺术效果。线描画常用的硬笔有签字笔、记号笔、彩色铅笔、蜡笔等。幼儿线描画常用的纸有新闻纸、复印格纸、高丽纸、宣纸、图画纸或各种色纸。线描画主要是让幼儿用线条勾画出物体的基本形体和主要特征。

活动方案三十二：小猫钓鱼（中班提线木偶）

活动背景：

小猫妙妙和咪咪是一对性情相反的姐弟，一个勤劳听话，一个贪玩懒散。太阳出来了，妈妈要它们起床，妙妙一骨碌爬了起来，咪咪却要赖会床；洗脸的时候，咪咪更是玩起了吹肥皂泡的游戏。三母子来到河边钓鱼，妙妙坐在妈妈身边认真地垂钓，咪咪却一会儿捉蝴蝶一会儿扑蜻蜓，结果，妈妈和妙妙钓到许多鱼回家，咪咪却两手空空。坐在饭桌上等吃鱼时，妙妙和咪咪因为钓鱼和吃鱼发生争吵，妈妈劝慰一番，咪咪明白了钓鱼要专心，不能三心二意。

活动目标：

1. 尝试通过剪、贴、卷等技能用纸杯做提线木偶。
2. 幼儿能用自己喜欢的方式进行创作，体验创作的乐趣。

活动准备：

1. 经验准备：听过《小猫钓鱼》的故事。
2. 物质准备：
   （1）教师材料：《小猫钓鱼》动画片课件及图片。
   （2）幼儿材料：废旧纸卷筒、塑料瓶盖、纸盒、竹筷子、线绳、安全剪刀、水粉颜料、水粉笔及胶水。

活动过程：

1. 情境导入，教师播放《小猫钓鱼》动画片课件，引发幼儿兴趣。
2. 教师出示小猫钓鱼的图片，引导幼儿观察小猫的身体结构，观察小猫走、跳的动作形态以及猫身上的花纹和颜色。
3. 幼儿创作，教师巡回指导：
   （1）幼儿在纸上先画好猫的头，用剪刀剪出猫的头和胸部。

（2）用线穿进纸筒，与猫身体固定。

（3）用颜料画出猫的图案和颜色，教师可协助幼儿完成作品。

活动评价：

请幼儿介绍、表演自己做的提线木偶，并给它们取名字。

活动延伸：

幼儿可在表演区表演、创编故事。

教学活动建议：

1. 关注幼儿的活动兴趣，积极鼓励幼儿，增强其自信心。

2. 尊重幼儿的表达，随时关注幼儿的制作过程，在其需要帮助时给予帮助。

教育资源小贴士

1. 木偶

木偶古时称为"木禺"，又被称为傀儡戏，意为受人操纵的表演戏剧。木偶戏的演出道具，通常以木材制作成全身可活动的人形，并饰以各种服装。木偶起源很早，如《列子·汤问》中有记载："巧工偃师偕倡来见周穆王，歌合律，舞应节。剖散之，皆傅会革木为之。"可见周代即已出现木偶。考古实物的证明见于汉代，如在山东莱西岱墅出土的西汉木偶，手足关节均可活动，能做立、跪、坐、行等动作。另外，相传三国时期，工匠师马钧善作木偶，其制作的木偶在戏台下设木轮，以水发动。台上展露的木偶随之表演奏乐、舞蹈、击鼓、掷剑、倒立等动作。唐代《封氏闻见记》记载，唐大历（766—779）年间，有工匠"刻木为尉迟鄂公，突厥斗将之戏，机关动作，不异如生"。宋代木偶戏也十分兴盛，种类多样，有杖头、悬丝、药发、水上等不同的木偶戏演出形式。清末民初，木偶戏更是民间广泛流行的戏剧表演形式。操纵方式主要有四种，即提线、杖头、布袋、铁线。提线木偶，又叫"悬丝木偶"，出现在唐代，提线木偶要用"土"字形或"工"字形的操纵架，提线一般用8根，最多的24根。提线木偶的表演动作夸张，可以不受限制地表现格斗和翻跟头场面。杖头木偶，又叫"杖头傀儡"。也是始于唐代的一种木偶形式，至宋代发展完备。杖头木偶一般只做上半身，用三根木杖在服装内操纵。杖头木偶体积较大，有些表演动作可由操纵者直接伸手去完成。布袋木偶，源起于清代中期，在民间俗称中又叫"指头木偶""手托傀儡"或"掌上木偶"。这种木偶体积较小，可以套在手上表演。由于与表演者的手指密切关联，其形式活泼，表演的动作也因手指灵活而迅速。铁线木偶，又叫"铁签木偶"或"铁枝戏"，是清代道光年间广东潮州皮影传入福建诏安一带而演变形成的一种木偶戏。演出时，表演者用三根竹管套上铁枝来操纵木偶的躯干和双手。（夏燕靖）

（选自奚传绩主编《美术教育词典》，人民教育出版社2009年版，第33页）

2. 水粉画

水粉画是最初由国外传入中国的一个画种。它采用粉质的颜料，用水调和颜料，颜色不透明，但覆盖能力强，便于表现丰富复杂的调子，色泽也比较鲜艳，被广泛地用于招贴画、年画、插

图、舞台美术等，是一种比较普及的画种。（奚传绩）

（选自奚传绩主编《美术教育词典》，人民教育出版社2009年版，第5页）

3. 技法材料

水粉纸就是专门用来画水粉画的一种纸，纸质较厚，吸水性强，纸面有压痕且表面粗糙。水粉纸相对较厚，因为在创作水粉画时，颜料有时会很厚实，就要求纸可以完全承载，而且水粉纸是有点状纹路的，这样可以"挂住"颜色。

水粉颜料是不透明的水溶性颜料，由粉质的材料组成，具有色彩厚重、覆盖性强等特点，可较厚地着色，大面积上色时也不会出现不均匀的现象，且色彩鲜明，容易引起幼儿创作的兴趣。

活动方案三十三：大闹天宫（中班欣赏）

活动背景：

《大闹天宫》是上海美术电影制片厂于20世纪60年代制作的一部彩色动画片。该片通过孙悟空大闹龙宫、反天庭的故事，比较集中而突出地表现了主角孙悟空的传奇经历。

传说，在花果山带领群猴操练武艺的猴王因为没有称心如意的武器，便去东海龙宫借宝。龙王许诺，如果猴王能拿得动龙宫的定海神针——金箍棒，就奉送给他。当猴王拔走宝物之后，龙王却反悔了，并去天宫告状。

玉帝采纳了太白金星的建议，以"弼马温"的美名诱骗猴王上天，并将他软禁起来。猴王知道受骗后，怒火四射，一怒之下，返回花果山，竖起了"齐天大圣"的旗帜，与天宫分庭抗礼。玉帝听闻大怒，于是命李天王率天兵天将去花果山捉拿猴王，结果却被猴王打得大败而归。这时，太白金星又献策给玉帝，假意封猴王为"齐天大圣"，命他在天宫掌管蟠桃园。

一日，猴王得知王母娘娘设蟠桃宴，请了各路神仙，唯独没有请他。于是他火冒三丈，大闹瑶池，把整个宴会打得杯盘狼藉，之后他独自开怀痛饮，不仅吃了太上老君的九转金丹，还收罗了所有的酒菜瓜果，带回花果山与众猴摆开了神仙酒会。玉帝知道此事后暴怒，倾天宫之兵将捉拿猴王。交战中猴王中了太上老君的暗算，不幸被擒。被老君送进炼丹炉，结果他不但没有被烧死，反而更加神力无比。于是猴王奋起反击，把天宫打得落花流水，吓得玉帝狼狈逃跑。大闹天宫之后的孙悟空回到花果山，跟众猴们又过起了往日幸福的生活。

《大闹天宫》图片欣赏

《大闹天宫》图片欣赏

活动目标：

1. 观察动画片中人物服饰和神态动作，了解孙悟空的性格特征。

2. 关注道具和场景的变化，感受动画片的造型美和色彩美。

3. 愿意通过语言和动作大胆地表达自己对动画片的理解。

活动准备：

1. 经验准备：幼儿收集关于《西游记》的连环画、视频、图片等资料。

2. 物质准备：

（1）教师材料：《大闹天宫》视频课件。

（2）幼儿材料：彩色水笔、白色图画纸。

活动过程：

1. 教师播放《大闹天宫》视频，激发幼儿的兴趣。

2. 观察讨论：

（1）观察孙悟空的造型、服饰以及动画片中的场景。

（2）通过欣赏，幼儿可以说一说自己对主人公孙悟空的服饰、武器、面部特征、表情以及画面场景的看法。

3.幼儿用彩色水笔画一个自己喜欢的孙悟空形象。

活动延伸：

利用废旧材料制作孙悟空的头饰、服饰、金箍棒，放在表演区用于幼儿角色装扮。

教学活动建议：

1.引导幼儿从色彩、造型元素等几个方面讨论作品的表现形式。

2.重点在欣赏孙悟空的服饰、神态、动作，以及动画片的造型和色彩美。

活动作品展示：

幼儿彩色水笔作品《孙悟空》

教育资源小贴士

1. 动画片

　　动画是通过把卡通人物和动物的表情、动作、变化等分段画成许多幅画，再用摄影机连续拍摄成一系列画面，在视觉上造成连续变化的动态。它是一种综合艺术门类，集合了绘画、漫画、电影、数字媒体、摄影、音乐等众多艺术门类。早期，中国将动画称为美术片，现在国际通称为动画片。

2.《大闹天宫》幕后的故事

　　说起《大闹天宫》，就不能不提中国动画界享有盛誉的万氏兄弟。20世纪40年代，万氏兄弟制作了亚洲第一部动画长篇《铁扇公主》，具有很大的影响力。日本动画片《铁臂阿童木》的导演、日本动画和漫画的鼻祖手冢治虫，就是在看了《铁扇公主》后放弃学医，决定从事动画创作的。手冢治虫后来到中国访问，专门画了阿童木和孙悟空相聚的漫画。万氏四兄弟中的老大万籁鸣、老二万古蟾、老三万超尘都在上海美术电影制片厂（简称美影厂），大家尊称他们为大万老、二万老、三万老。《大闹天宫》从1960年到1964年，历时4年时间创作完成，绘制了近7万幅画作，成为一部鸿篇巨制。"这部片子是中国文学古典名著《西游记》动画版最好的诠释。"美影厂厂长金国平分析了《大闹天宫》成功的几点原因：首先，这个神话题材本身适合动画创作，便于动画表现；其次，孙悟空不管是在原著中还是在动画中，人物形象和个性都塑造得非常好，在动画表现上，造型设计很有光彩，使孙悟空在片子里"站"住了；再次，《大闹天宫》制作精美，摄制人员对一招一式都精益求精；最后是当年的创作氛围非常好，美影厂为万籁鸣先生配备了一套很好的班子，厂里的精兵强将都投入到这部片子的创作中。影片的筹备期达半年之久，美影厂编剧李克弱和万籁鸣一起对《西游记》前七回进行了改编。剧本通过后，1959年由主要创作人员组成的摄制组成立，大家在一起分析、讨论文学本，同年年底出外景。当年的主创人员、动画设计严定宪回忆，他和几个主要原画、背景设计等十几个人，背着创作工具，在1959年那个寒冷的冬天北上进京。他说："我们当时去的地方蛮多的，有些地方可能你们北京人都没有去过。"他们遍访故宫、颐和园、西山碧云寺，还有一些庙宇，比如大慧寺。"那个庙很破旧，已经没有香火，但里面有许多壁画、雕塑非常棒。我们收集佛像、壁画的素材，了解古代建筑、绘画、雕塑各方面的艺术。"

筹备工作结束后开始投入到"大生产"的绘制阶段。参加创作的原画、动画人员共有二三十人，被分为5个组，每组由一个原画、助理和几个动画人员组成。原画创作主要的关键动作，把主要情节按导演的要求画出来，动作从初始到结束的过程要画3至7张，由动画人员协助完成。工作内容按每场戏来划分，就像现在说的"承包"，动画设计中，导演只会把他的主要意图告诉创作人员，具体细节怎么设计处理，要靠设计人员个人去发挥想象。严定宪和爱人林文肖分到"四大天王斗孙悟空"这场戏，怎么表现这个激烈的打斗场面？两人根据动画的特点构思，四大天王分别持有宝剑、琵琶、伞和蛇作为法器，于是就有了孙悟空变出的无数盾牌迎战飞来的雪片般的宝剑、孙悟空和小猴子被琵琶声音震得东倒西歪……于是"这段戏就有看头了"，而这些情节在原著里是没有的，全靠创作人员丰富的想象力。当时没有电脑制作，全凭手中的一支画笔。一般说，10分钟的动画要画7000至10000张原动画，可以想见一部《大闹天宫》工程的浩繁。整个绘制阶段几乎每天都在重复同样的工作，50分钟的上集和70分钟的下集，仅绘制的时间就投入了近两年。

《大闹天宫》的主创，包括改编、导演、作曲、动画设计、摄影等人员都是美影厂的原班人马，唯有一个重要角色——美术设计请的是外来的"和尚"。这位外来的"和尚"就是美术造诣很深、当时在中央工艺美术学院执教的张光宇和张正宇兄弟二人。张光宇早在20世纪40年代就创作过孙悟空题材的漫画《西游漫记》。此次由哥哥张光宇负责设计人物造型，弟弟张正宇负责背景设计。《大闹天宫》中孙悟空、玉皇大帝、哪吒、东海龙王等主要人物的造型设计就出自当时已经年过六旬的张光宇先生之手。据严定宪回忆，当年张光宇先生画了几个孙悟空造型，都相当不错，但导演万籁鸣还是觉得不太满意，因为张笔下的孙悟空装饰性比较强，不太适合动画的表现方式。因此，导演要求时任动画创作组组长的严定宪在张光宇造型设计的基础上再重新设计一个孙悟空，这样经过反反复复多次修改，直到导演满意为止，才有了我们今天熟悉的齐天大圣的形象。《大闹天宫》中孙悟空穿着鹅黄色上衣，腰束虎皮短裙，大红的裤子，足下一双黑靴，脖子上还围着一条翠绿的围巾，导演万籁鸣称赞这个形象"神采奕奕，勇猛矫健"。

《大闹天宫》如果少了已故著名配音演员邱岳峰的配音，孙悟空的形象一定会大打折扣。一句"孩儿们，操练起来！"的开场，使孙悟空的银幕形象呼之欲出。严定宪回忆说，摄制组为孙悟空找配音时首选就是邱岳峰。因为美影厂的人对他的声音太熟悉，知道如果请他配音，这个孙悟空就活灵活现了。影片中的其他配音演员大部分来自上海电影译制厂，其中几个主要角色的配音都是当时的大腕，如为东海龙王配音的毕克、为玉皇大帝配音的富润生。

活动方案三十四：咏鹅（大班绘画）

活动背景：

《咏鹅》是初唐诗人骆宾王于7岁时写的一首五言古诗。这首诗开篇先声夺人，"鹅，鹅，鹅"写出鹅的声响美，又通过"曲项""向天""白毛""绿水""红掌"与"清波"写出鹅的线条美与色彩美，同时，"歌""浮""拨"等字又写出鹅的动态美，听觉与视觉、静态与动态、声音与色彩完美结合，将鹅的形态与神态表现得活灵活现。

鹅，鹅，鹅，曲项向天歌。
白毛浮绿水，红掌拨清波。

"鹅，鹅，鹅"面向蓝天，一群鹅儿伸着弯曲的脖子在歌唱。雪白的羽毛漂浮在碧绿的水面上，红色的脚掌划着清波，就像船桨一样。

幼儿喜欢自然界与生活中美好的事物，容易被自然界中的小动物吸引。鹅是小朋友们非常喜爱的一种家禽，它长长的脖子，红红的嘴巴，在水中优雅的姿态让人心动不已。因此，我们设计了此次绘画活动，旨在引导幼儿感受古代诗词的美，通过绘画表达对鹅的喜爱和赞美。

生活中的鹅

活动目标：

1. 欣赏、感知古代诗词的语言美。

2. 通过绘画的形式再现诗歌的美丽意境。

3. 熟悉古诗的基础并大胆表现鹅的不同形态美。

活动准备：

1. 经验准备：幼儿阅读过《咏鹅》古诗。

2. 物质准备：

（1）教师材料：《咏鹅》视频课件。

（2）幼儿材料：36色油画棒、彩色卡纸。

活动过程：

1. 情境导入，教师播放《咏鹅》视频，带领幼儿们欣赏诗歌，了解古诗的内容，感受古诗的意境。

2. 教师展示图片，引导幼儿仔细观察鹅的身体结构（头部、颈部、鹅尾、鹅掌）以及鹅的动态。

3. 探索表现方法，用平涂法、叠加法、混合法来表现鹅的造型。

4. 幼儿进行创作，教师给予幼儿油画棒技法指导。

活动评价：

幼儿作品展示，与同伴、教师分享交流古诗、绘画的意境美。

活动延伸：

可以将材料及工具投放到美工区，供幼儿进行自由创作。

教学活动建议：

1. 鼓励幼儿，通过仔细观察鹅的形态和身体特征，将生活经验转化为艺术创作。

2. 教师引导幼儿用不同的油画棒在画面中进行探索，表现丰富的画面效果，给予他们鼓励和支持。

活动作品展示：

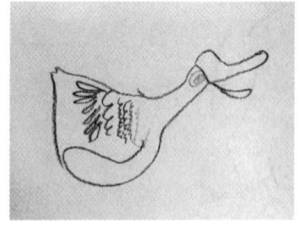

幼儿油画棒作品《咏鹅》

教育资源小贴士

1. 骆宾王

　　骆宾王，婺州义乌（今属浙江省）人，唐代文学家，与王勃、杨炯、卢照邻一起被人们称为"初唐四杰"。骆宾王7岁时因作《咏鹅》而有"神童"之誉，他的诗气势充沛，挥洒自如，有一种清新俊逸的气息，诗善歌行体，著有《骆临海集》。

　　骆宾王小的时候，住在义乌县城北的一个小村子里。村外有一个池塘叫骆家塘，每到春天，池塘边柳条飘拂，池水清澈见底，水上鹅儿成群，景色非常迷人。有一天，骆宾王家中来了一位客人，客人见骆宾王面容清秀、聪明伶俐，就问了他几个问题，没想到骆宾王对答如流，客人惊讶不已。当骆宾王陪着客人走到骆家塘时，一群白鹅正在池塘里浮游，客人有意试探骆宾王，便指着鹅儿要他以鹅作诗，骆宾王稍加思索便创作了此诗。

　　诗的第一句连用三个"鹅"字，这种反复咏唱的方法，表达了诗人对鹅的热爱，起到了增强感情的效果。第二句写鹅鸣叫的神态，给人以声声入耳之感。鹅的声音高亢嘹亮，一个"曲"字，把鹅伸长脖子仰头弯曲、朝天长鸣的形象写得十分生动。先写所见，再写所听，极有层次。下面两句写鹅群在水中悠然自得的情形。骆宾王用一组对偶句，着重从色彩方面来铺叙鹅群戏水的情况：鹅儿的毛是白的，而江水却是绿的，"白""绿"对照，鲜明耀眼，这是当句对；鹅掌是红的，而水波是青的，"红""青"映衬，十分艳丽，这也是当句对；而两句中又有"白""红"相对，"绿""青"相对，这是上下对。这样，回环往复，都是对仗，其妙无穷。在这组对偶句中，动词的使用也恰到好处。"浮"字说明鹅儿在水中悠然自得、一动不动。"拨"字则说明鹅儿在水中用力划水，以致掀起了水波。这样，动静相生，写出了一种变化美。

2. 卡纸

卡纸是一种质地坚实的机制纸，主要用作印制卡片和包装盒。厚度规格主要有230克、250克、280克、350克等。卡纸以白色为主，一种在白卡表面加有光亮透明涂层的叫玻璃卡，质地比一般卡纸更结实，纸面不易污染。卡纸也有多种颜色，统称色卡。还有一种灰卡，也叫白板纸，这种纸由一层灰板底和一层白色面纸合成，特别坚实。卡纸由于其纸质坚挺，抗压力和拉力都很好，纸质表面细洁和润，所以纸立体构成大多采用不同厚薄的卡纸，用卡纸做灯罩和纸浮雕效果也特别好。（胡国瑞）

（选自奚传绩主编《美术教育词典》，人民教育出版社2009年版，第325页）

3. 大班幼儿绘画特点

图示阶段是儿童开始用绘画的方式有目的、有意识地再现周围事物和表现自己的经验，是儿童绘画最充满活力的时期。他们以自我为中心，创造了许多独特的绘画方法，开始以较为固定的样式绘画，形成一种"概念画"。这一时期的儿童在造型、色彩、构图等方面较之象征期均有明显发展。

从造型上看，能用较为流畅、熟练的线条表现物体的整体形象，在绘画时强调对称和垂直，以二维方式体现。开始注意用细节表现基本特征，通过不同的细节特征来表现人物的性别、职业、年龄等。

从色彩上看，能用某种颜色统一画面，形成主色调，并能用颜色表现多种功能。该阶段儿童画的整个画面色调能逐渐协调，给人以和谐的美感。同时，儿童用色彩表达情感的能力也有明显提高。

从空间上看，开始注意物体之间的大小比例，形象与形象间开始有了一定的联系，常用重叠、透明的方式来表现，所画形象基本上能反映主题。

从整个画面上看，构图开始具有层次感，出现了基底线的画法。这时的儿童常常根据排列的原则组织空间，并列式构图发展为散点式构图。到这一阶段的后期，部分儿童在绘画中能够表现出多层并列式构图，出现前后遮挡关系，画面看上去更有深度感。儿童绘画中出现了这一时期特有的构图形式——展开式构图，即把从不同角度观察到的事物在同一个画面上表现出来的绘画现象。

活动方案三十五：咏鹅（大班皮影）

活动背景：

皮影戏又称"影子戏"或"灯影戏"，是一种以兽皮或纸板做成的人物剪影以表演故事的民间戏剧。表演时，艺人们在白色幕布后面，一边操纵皮影人，一边用当地流行的曲调讲述故事，同时配以打击乐器和弦乐，带有浓厚的乡土气息。其流行范围极为广泛，并因各地所演的声腔不同而形成风格多样的皮影戏。

皮影戏是中国民间古老的传统艺术，老北京人都叫它"驴皮影"。

据史书记载，皮影戏始于西汉，兴于唐朝，盛于清代，元代时期传至西亚和欧洲，可谓历史悠久、源远流长。

2011年，中国皮影戏入选"人类非物质文化遗产代表作名录"。

"皮影"是对皮影戏和皮影戏人物（包括道具、景物）制品的通用称谓。皮影戏是让观众通过白色幕布，观看一种以平面人偶表演的灯影来达到艺术效果的戏剧形式。而皮影戏中的平面人偶以及场面里的景物，通常是民间艺人手工雕刻、彩绘而成的皮制品，故称之为"皮影"。在过去还没有电影、电视的年代，皮影戏曾是十分受欢迎的民间娱乐活动之一。

皮影欣赏

活动目标：

1. 知道皮影戏是我国传统民间艺术的一种，深受大家的喜爱。

2. 简单了解皮影的特征及制作过程，激发幼儿表演皮影戏的兴趣。

3. 通过皮影表演加深对中国古代诗词的了解。

活动准备：

1. 经验准备：幼儿有看过《咏鹅》动画片的经验。

2. 物质准备：

（1）教师材料：《咏鹅》动画片课件、皮影制作视频课件。

（2）幼儿材料：明胶片、铆钉、彩色水笔、剪刀、棉线、一次性筷子、幕布、台灯、玩具桌。

活动过程：

1. 情境导入，教师播放《咏鹅》动画片课件，激发幼儿的兴趣。教师带领幼儿一起欣赏幼儿绘画作品，唤起幼儿的认知回忆。

2. 教师展示皮影制作的视频课件，引导幼儿仔细观察皮影的制作方法与步骤。

3. 探索表现方法。根据鹅的形象设计稿图，分关节拓印在明胶片上，用彩色水笔上色，剪刀剪下，用铆钉或棉线装订，最后系在筷子上即可。

4. 幼儿进行创作，教师巡回指导：

（1）根据幼儿在各个步骤过程中的问题进行适当的帮助。

（2）鼓励幼儿用自己喜欢的方式与同伴一起合作表演。

活动评价：

1. 请幼儿说一说自己制作鹅皮影的过程，以及它的特点。

2. 幼儿在表演区合作表演。

活动延伸：

在美工区、表演区投放丰富的材料，供幼儿制作、表演。

教学活动建议：

1. 培养幼儿观察细节的能力，注重观察鹅的形象和特征。

2. 引导幼儿在制作方法上进行分享，比如如何连接各部分材料，用了哪些拼接、拓印手法。

《咏鹅》图片欣赏

教育资源小贴士

1. 皮影

以灯光照射，采用兽皮或纸板镂刻制成人物剪影为傀儡的一种民间影子戏中的演出道具，它是我国传统的民间工艺品。其造型夸张、别致，刻工精细，题材广泛，内容丰富，是广大民众喜闻乐见的一种艺术样式，皮影道具是伴随着皮影戏的流传而发展起来的。在民间对皮影戏的称谓还有灯影戏、土影戏、驴皮影和影戏。考据其历史沿革，相传始于汉代。说皮影戏兴于宋代，则有文献记载为凭。《东京梦华录》中记述汴京演出盛况时曰："每一坊巷口，无乐棚去处，多设影戏棚子。"南宋耐得翁《都城纪胜》中谈及皮影诞生过程时云："凡影戏，乃京师人初以素纸雕镞，后用彩色装皮之。"明、清时期，皮影戏有了较大的发展，陕西、河北、北京、山西、四川、湖北、山东、宁夏、青海、湖南、上海等地相继出现皮影戏的演出，而且形成了不同的风格流派，蔚为壮观。皮影制作过程分为制皮、设计、刻镂、染色、上胶（油）、装配等环节。制皮工艺颇有讲究，先得将皮革表面刮光，再根据需要制作成不同厚度的皮件，经这样处理后的皮革具有不同的透光性，诸如人物脸部和上身采用薄皮革，人物下肢或道具物样使用厚皮革。经连缀成形后，皮影可在屏幕上形成深、浅不同的视觉影像。皮影的刻镂方法一般分为两种：一种叫透雕，是在皮革上刻出描绘形象的廓线，其效果有如国画中的白描手法；另一种叫半透雕，是在皮革上刻出镂空状的纹饰，以空白来造型。再有皮影艺人为突出演出时的立体视觉效果，特别注重正侧面的造型，行话称作"五分脸"，是根据戏中生、旦、净、末、丑的角色形象塑造的需要，对脸谱中的眼睛、鼻子、嘴的部位都予以放大或位移变形，其目的是着力刻画人物的典型形象，从而形成皮影戏人物造型所特有的平面变形脸谱的艺术特色。皮影着色以渲染手法为主，常用的色彩为黑、红、绿、青等几种，加上皮革自身呈土黄色又与灯光透空所折射出的白色，使皮影色彩较为丰富。皮影着色之后，还要涂上胶或刷上桐油，这样既可保护皮影表面的色彩又可增加皮革的透光性。（夏燕靖）

（选自奚传绩主编《美术教育词典》，人民教育出版社2009年版，第33页）

2. 皮影的制作方法

中国地域广阔，各地的皮影都有自己的特色，但是皮影的制作程序大多相同，通常要经过选皮、制皮、画稿、过稿、镂刻、敷彩、发汗熨平、联缀结合成等8道工序，手工雕刻3000余刀，是一个复杂奇妙的过程。皮影的艺术创意汲取了中国汉代帛画、画像石、画像砖和唐宋时期寺院壁画之手法与风格。

其制作过程是：先将羊皮、驴皮或其他兽皮的毛、血去净，然后经药物处理，使皮革变薄，呈半透明状后再涂上桐油，然后艺人们将各种人物的图谱描绘在上面，用各种型号的刀具刻凿后，再涂抹上颜色。上色时主要使用红、黄、青、绿、黑等5种纯色。

雕刻时，一般都用阳刻，有时也用阴刻。绘画染色讲究女性发饰及衣饰多以花、草、云、凤等纹样为图案，男性则用龙、虎、水、云等纹样为图案。忠良人物为五分面，反面人物为七分面。人物造型与戏剧人物一样，生、旦、净、丑角色齐全。制成的皮影高的达55厘米，矮的有10厘米左右。

皮影人的四肢和头部是分别雕成的，用线连缀而成，以便表演时活动自如。一个皮影人，要用5根竹棍操纵，艺人手指灵活，常常玩得观众眼花缭乱。不仅手上功夫绝妙高超，嘴上还要说、念、唱，脚下还要制动锣鼓。演皮影的屏幕，是用一块1平方米大小的白纱布做成的。白纱布经过鱼油打磨后，变得挺括、透亮。演出时，皮影紧贴屏幕活动，人影和五彩缤纷的颜色真切动人。皮影道具小，演出方便，且不受场地限制，演员也不需正规训练，所以深受人们的喜爱。在皮影戏盛行的地区，人们会亲切地称它为"一担挑"艺术。

活动方案三十六：仓颉造字（大班欣赏）

活动背景：

仓颉造字，是中国古代神话传说之一。相传仓颉是黄帝的部下，黄帝分派他专门管理圈里牲口的数目、屯里食物的多少。仓颉很聪明，做事尽力尽心，很快便熟悉了所管理的牲口和食物，几乎不出差错。可慢慢地，牲口、食物的储藏数量逐渐增加、变化，光凭脑袋记不住了，当时又没有文字，更没有纸和笔。怎么办呢？

仓颉绞尽脑汁想办法，先是在绳子上打结，用各种不同颜色的绳子，表示各种不同的牲口、食物，用绳子打的结就代表数目。但时间一长，就渐渐失去效果了。增加的数目在绳子上打个结很方便，可是减少数目时，从绳子上解个结就麻烦了。仓颉又想到了在绳子上打圈圈，在圈子上挂上各式各样的贝壳，用增加或减少贝壳来代替他所管理的东西的数量变化。这个方法还挺管用，一连用了好几年。

黄帝看到仓颉如此能干，让他管理的事情就愈来愈多，每年祭祀的次数、每回狩猎回来的分配、部落人丁的增减，统统都叫仓颉来管。仓颉又犯愁了，凭添加绳子、挂贝壳的记录方法已经不够用了。怎么才能不出差错呢？一天，他在参加集体狩猎的时候，走到一个三岔路口时，几个老人正为选择哪条路争辩起来。一个老人坚持要往东，说有羚羊；一个老人要往北，说前面不远可以追到鹿群；一个老人偏要往西，说有两只老虎，不及时打死，就会错过机会。仓颉一问，原来他们都是根据地上野兽的脚印确认的。仓颉心中猛然一喜：既然一个脚印可以代表一种野兽，我为什么不能用一种符号来表示我所管的东西呢？于是他开始创造各种符号来代表事物。果然，把事情管理得头头是道。

　　黄帝知道仓颉的新办法后大加赞赏，命令仓颉到其他部落去传授这个好方法。渐渐地，这些符号的用法就得到推广，逐渐形成了文字。仓颉造字之后，黄帝十分器重他，人们也都称赞他，他的名声也越来越大。这时的仓颉有点骄傲，什么人也看不起，造的字也马虎起来。这种情况被黄帝得知，很是恼火，召来了身边最年长的老人商量。这位老人长长的胡子上打了120多个结，表示他已是120多岁的人了。老人沉思了一会，独自去找仓颉。

　　仓颉正在教其他部落的人识字，老人默默地坐在最后，和大家一样认真地听着。仓颉讲完，别人都散去了，唯独这老人不走，还坐在老地方。仓颉有点好奇，上前问他为什么不走。老人说："仓颉啊，你造的字已经家喻户晓，可我老眼昏花，有几个字至今还不太认识呢，你能不能再教教我？"

　　仓颉看这么大年纪的老人，都这样尊重他，特别高兴，催他快说。老人说："你造的'马'字、'驴'字、'骡'字，都有四条腿吧？而牛也有四条腿，你造出来的'牛'字怎么没有四条腿，只剩下一条尾巴呢？"仓颉一听，心里有点慌了：自己原先造"鱼"字时，是写成"牛"样的，造"牛"字时，是写成"鱼"样的。都怪自己粗心大意，竟然教颠倒了。

　　老人接着又说："你造的'重'字，是说有千里之远，应该念出远门的'出'字，而你却教人念成重量的'重'字。反过来，两座山合在一起的'出'字，本该为重量的'重'字，你倒教成了出远门的'出'字。这几个字真叫我难以琢磨，只好来请教你了。"这时仓颉羞愧得无地自容，深知自己因为骄傲酿成了大错。这些字已经教给各个部落，传遍了天下，改都改不了。他连忙跪下，痛哭流涕地表示忏悔。

老人拉着仓颉的手，真诚地说："仓颉啊，你创造了字，使我们老一代的经验能记录下来，传下去，你做了件大好事，世世代代的人都会记住你的。你可不能骄傲自大啊！"从此以后，仓颉每造一个字，总要将字义反复推敲，还拿去征求人们的意见，一点也不敢粗心。大家都同意后才确定下来，然后才逐渐传到各个部落去。

《仓颉造字》图片欣赏

活动目标：

1.欣赏《仓颉造字》的动画片，体验动画片所表现的丰富的色彩，感受仓颉的智慧和敢于承认错误的精神。

2.通过欣赏《仓颉造字》，运用沙画凹凸的立体造型来表现自己喜欢的内容。

活动准备：

1.经验准备：幼儿听过《仓颉造字》的故事，掌握点、撒、抹的基本沙绘方法。

2.物质准备：

（1）教师材料：《仓颉造字》动画片课件。

（2）幼儿材料：彩砂、筛网、底板、沙箱。

活动过程：

1. 教师播放《仓颉造字》的动画片，引发幼儿的兴趣，感受字的造型特征。

2. 教师和幼儿一起讨论沙画的表现特点，讨论字体的图像特征。

3. 教师引导幼儿回忆已学过的沙绘方法，并带领幼儿一起尝试创作。

活动延伸：

将幼儿在沙画活动中的系列画面拍摄下来放到语言区，鼓励幼儿进行故事的创编。

教学活动建议：

1. 教师引导幼儿将不同的字进行组合，合理布局。

2. 引导幼儿根据故事内容添画多幅故事情节。

教育资源小贴士

1. 仓颉

传说中仓颉生有"双瞳四目"。目有重瞳者，中国史书上记载有8个人：虞舜、仓颉、项羽、重耳、高洋、吕光、鱼俱罗和李煜。

相传，仓颉"始作书契，以代结绳"。在此以前，人们结绳记事，即大事打一大结，小事打一小结，相连的事打一连环结。后又发展到用刀子在木竹上刻符号作为记事。随着历史的发展，文明渐进，事情繁杂，名物繁多，用结和刻木的方法，远不能适应需要。黄帝统治时期是上古发明创造较多的时期，那时不仅发明了养蚕，还发明了舟、车、弓弩、镜子和煮饭的锅与甑等，在这些发明创造影响下，仓颉也决心创造出一种文字来。有一年，仓颉到南方巡狩，以"羊马蹄印"为灵感，日思夜想，到处观察，看尽了天上星宿的分布情况、地上山川的走向、鸟兽虫鱼的痕迹、草木器具的形状，描摹绘写，造出种种不同的符号，并且定下了每个符号所代表的意义。他按自己的心意用符号拼凑成几段，拿给人看，经他解说，倒也看得明白。仓颉把这种符号叫作"字"。

2. 沙画

沙画，即用沙子做画，是一门独特的艺术。它结合现代人的审美，依托深厚的文化底蕴和文化内涵，采用产自神奇大自然的天然彩砂，经手工精致而成。一般来讲，先有一个画好图案的不干胶模板，上面用小刀提前刻出轮廓，作画者只需在作画的时候用一根牙签轻轻将刻好的部分揭起，然后将喜欢的颜色的沙子倒在揭起处，不干胶会粘住沙子。沙画具有独特的表演魅力，能使观众体会到梦幻般的感觉和前所未有的视觉享受。

3. 技法材料

彩砂分为天然彩砂、烧结彩砂、临时染色彩砂、永久染色彩砂。其特点是颜色鲜艳、耐酸碱、耐紫外线、不褪色。天然彩砂是由天然矿石粉碎而成，不褪色，但是杂质较多；临时染色彩砂的颜色鲜艳、易脱色。

筛网是对物体颗粒进行分级、筛选功能的符合行业、机构标准认可的网状产品。筛网不讲"目数"，"目数"只是人们来描述筛网的一种习惯，一时难以克服。筛网之所以不同于一般的网状产品，就在于它有严格的网孔尺寸，而不是"目数"。筛网尺寸不是孤立的，它由系列网孔尺寸组成，目的是分级筛选。

筛网是用金属丝或纤维丝编织而成的，孔径0.15—1毫米，能去除和回收不同类型的悬浮物。筛网分离具有简单、高效、运行费用低廉等优点，一般用于规模较小的废水处理。筛网有很多种，主要有振动筛网和水力筛网两种。

第四章

基于传统文化中幼儿美术
教育问题的思考

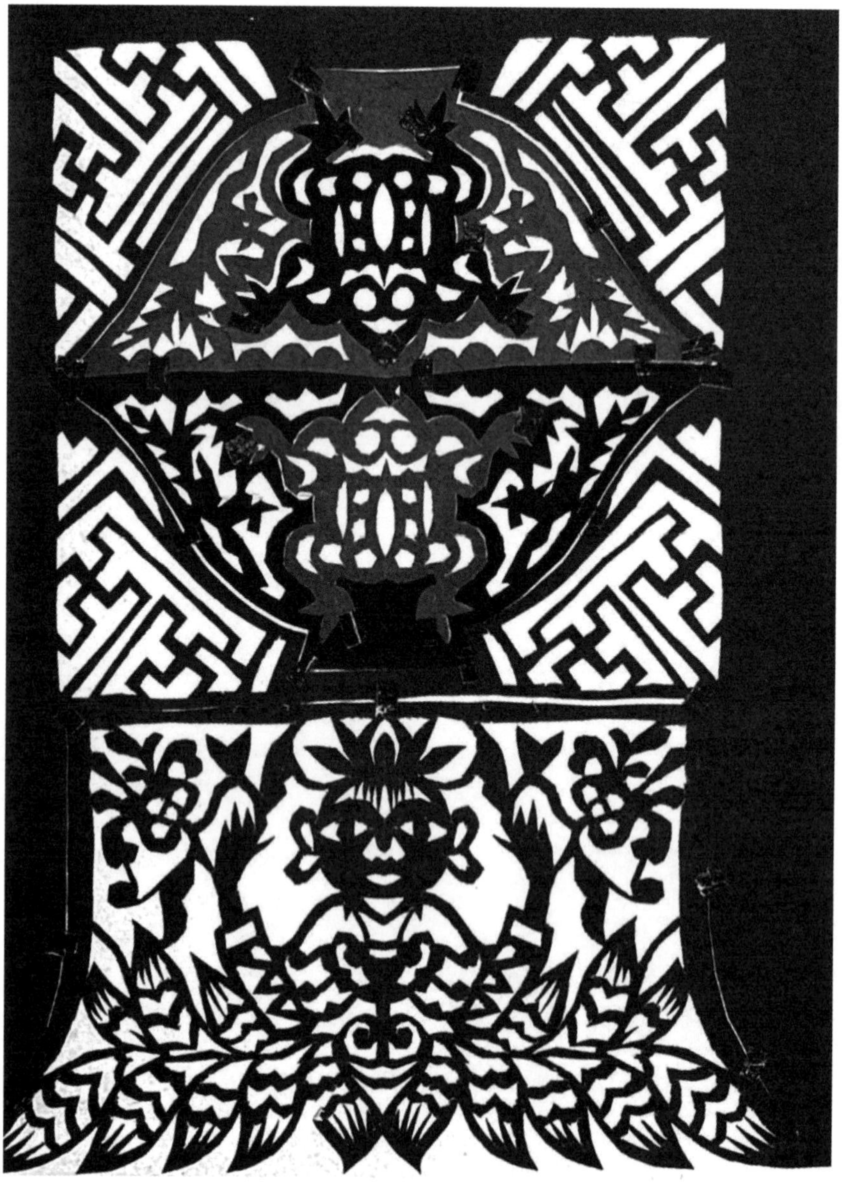

第一节　传统文化中幼儿美术教育与教师和幼儿的发展

习近平总书记在党的十九大报告中指出："中国特色社会主义文化，源自于中华民族五千多年文明历史所孕育的中华优秀传统文化……植根于中国特色社会主义伟大实践。"全面加强和改进学校美育，坚持以美育人、以文化人，有助于提高学生审美和人文素养，落实立德树人的根本任务，培养德、智、体、美全面发展的社会主义建设者和接班人。

通过开展传统文化中的幼儿美术教育活动，有助于提升教师文化素养和审美素养，对幼儿启蒙阶段传承传统文化起到奠基作用。结合"以美育人，美育人生"的育人目标，通过家园共育、园所环境创设及社会教育资源的整合，在传承中华美育精神的同时，以其独特的方式充盈着教师和幼儿的身体及灵魂，表达教师与幼儿的内心情感，满足教师与幼儿的审美需求，促进师幼共同发展。

一、传统文化中幼儿美术教育对教师的发展

以"传统文化与幼儿美术教育"为切入点，充分落实"以美育人，美育人生"的育人目标。教师的传统文化素养决定着幼儿的情感、态度、能力的发展。教师要在成长当中自觉担当起传承与弘扬中华优秀传统文化的使命和责任，不断提升自身的专业能力、文化修养和审美素养，履行"以身立教，为人师表"的道德准则，提高开展中华优秀传统文化教育的能

力，赋予中华优秀传统文化新时代幼儿美术教育的价值与内涵。在美术教育中，以中华优秀传统文化涵育社会主义核心价值观，使传统文化与当代幼儿美术教育相适应、与教师的发展相协调，使教师成为中华优秀文化的传承者和社会主义核心价值观的践行者。

（一）师德为先

师德是幼儿园教师最基本、最重要的职业准则和规范。每一位教师都必须秉持"师德为先"的理念，按《幼儿园教师专业标准（试行）》的要求，"热爱学前教育事业，具有职业理想，践行社会主义核心价值体系，履行教师职业道德规范，依法执教。关爱幼儿，尊重幼儿人格，富有爱心、责任心、耐心和细心；为人师表，教书育人，自尊自律，做幼儿健康成长的启蒙者和引路人"。

传统文化包含许多的教育思想和智慧，在美术教育中，继承民族、民间优秀文化艺术遗产，培养爱国主义情感，增加教师的自豪感和社会责任感；提高对现实生活中对真善美、假恶丑的分辨能力；注意仪表、举止、语言，促进行为美与心灵美的统一；以自然为师，培养从大自然中感悟美的能力，以及运用美术教育中的材料和工具改造、美化自然和生活环境；可以通过美术欣赏陶情养性，提高生命情趣和美术鉴赏能力。

（二）幼儿为本

《幼儿园教育指导纲要（试行）》指出："幼儿园教育应该尊重幼儿的人格和权利。"幼儿主动参与自己的生活与活动，并自由地表达意见和思想，教师有责任有义务认真倾听、认真对待，以关怀、接纳、平等的态度与他们对话，帮助幼儿成长为成熟的、有责任感的、能够正确行使自己的权利的合格的社会公民。

传统文化与幼儿美术教育，基于幼儿的已有经验、现有发展水平、兴趣爱好和发展需要，"幼儿为本"体现了传统文化中幼儿美术教育的目标、内容的适宜性。其核心在于让幼儿在丰富多彩的传统文化活动中体验情感内涵、分享乐趣、了解传统文化知识、掌握简单的传统文化技能与方法、培育初步的文化认同感和自信心。教师在选择的过程中，以儿童为本，为儿童未来发展着想，树立正确的儿童观、教育观。

（三）能力为重

新时代对幼儿美术教师的要求从观念上发生了很大的变化，因为教师的质量决定教育的质量。而教师的专业能力是教育质量的核心，也成为当前我国教育发展的重中之重。教师是知识的重要传播者和创造者，连接着文明进步的历史、现在和未来。在传统文化与幼儿美术教育过程中，优秀教师能通过自身的人格力量去影响和作用于学生，努力培养幼儿的学习品质和良好习惯，让幼儿能够在不断的自我完善中逐步形成健康、完善、崇高的人格品质，促进每个幼儿全面而富有个性的发展。通过美术教育，培养了教师的知识和技能，形成审美观念指导下的审美感知力、审美判断力、审美鉴赏力和审美创造力。

（四）终身学习

终身学习是时代发展的要求，党的十六大提出了建设学习型社会和终身教育体系的重大战略任务，教师需要学习先进的幼儿教育理论，了解国内外教育改革的发展和做法，优化知识结构，提高文化素养和美术素养。园所应坚持为教职工提供多元、开放的学习平台，带领教师走进美术馆、博物馆、艺术园区和艺术家工作室等场所，定期邀请美术教育专家走进校园为教师进行系列幼儿美术教育的培训和讲座，引导教师从传统文化当中汲取营养。通过美术教育，不但提高了教师的美术素养和人文情怀，而且提升了教师的通识知识、教育能力、教育理论素养和对自我人生发展的追求。

二、传统文化中幼儿美术教育对幼儿的发展

传统文化与幼儿美术教育，目的不是培养专业美术家，而是通过美术教育，在中华优秀传统文化的氛围中培养幼儿在德育、智育、体育、美育等方面的能力和品质，为幼儿注入形象感知力、形象思维能力、想象力、表现力、创造力、美术欣赏和评论能力等，发展幼儿的情感、态度、兴趣、气质、性格、审美趣味等。

（一）培养幼儿的社会责任意识

传统文化中的幼儿美术教育，有很多内容都对培养幼儿的责任意识具有积极作用，古人对于责任感的重视程度也较高。将传统文化与幼儿美术教育相融合，可以让幼儿从小受到美的熏陶，树立担当意识，对幼儿内在艺术修养的提升意义重大。

（二）提高幼儿的人际交往能力

我国自古以来便是礼仪之邦，十分注重交往中的"礼"字，借助礼义廉耻、尊师重道、尊老爱幼等传统文化的内容，可以让幼儿从小树立"礼仪"的概念，奠定礼仪基础，这对于幼儿今后人际交往能力的提升有十分巨大的作用。

(三)传承中华民族的传统美德

我国传统文化中不仅有人与人之间互相谦让的成语典故,也有孝顺父母的历史故事,同时还有很多知恩图报的寓言。教师在借助这些内容对幼儿进行教育的过程中,能够对幼儿起到润物细无声的作用,使我国传统文化中的精华在幼儿身上得以流传。

(四)促进幼儿身心健康发展

将传统文化与幼儿美术教育相融合,对幼儿身心各方面能力的发展均有促进意义。比如:幼儿在传统节日和传统社会生活的教育活动中,其思维能力、语言表达能力同样会得到提升;幼儿在传统文学活动中,其专注力、记忆力、理解力等能够得到显著培养,而传统的诗、词、歌、赋又能给幼儿的思想带来美好的感受,对于他们身心健康的发展更加有利;在进行传统美术活动中,如水墨画创作的活动,幼儿需要高度的注意力,这样能够促进幼儿养成良好的行为习惯,这为幼儿的个人素质和内在修养的形成打下了良好的基础。

第二节　传统文化中幼儿美术教育与家园共育

《幼儿园教育指导纲要(试行)》中指出:"家庭是幼儿园重要的合作伙伴。应本着尊重、平等、合作的原则,争取家长的理解、支持和主动参与,并积极支持、帮助家长提高教育能力。"家庭是幼儿成长最自然的生态环境,对幼儿教育有着影响和制约的作用。家长是传统文化与幼儿美术教育中不可或缺的重要因素,家长的文化程度、生活能力及教育观,直接影响着幼儿的成长。幼儿园在中华优秀传统文化的背景下承担着重要的责任,关注的是幼儿的发展,为国家培养接班人。只有家庭与幼儿园教育紧密配合,才能使教育幼儿的目标、内容和要求达成一致,既完成家庭对幼儿的养育责任,又建立起幼儿教育的规范。

随着对《幼儿园教育指导纲要(试行)》精神的深入领会,我们清醒地认识到:家园共育是当前幼儿教育的必然发展趋势,是现代化幼儿教育的重要内涵。因此,我们在传统文化与幼儿美术教育过程中,应主动引导家长资源,使他们积极配合幼儿园教育,成为园所的合作伙伴。通过欣赏、实践、协同的形式,使家长亲历幼儿美术教育的全过程,从而使家长能够体会、感悟在这一过程中幼儿获得的全面发展,提高家长的育儿能力,增强家长对传统文化中的幼儿美术教育的理解,最终将学校教育、家庭教育和社会教育自然融合,共同促进幼儿的发展。

在传统文化与幼儿美术教育的过程中,通过采取丰富多样的家园活动,通过家委会沙龙、家长座谈、网络交流、家长培训等多种形式,拓展家园共育活动的途径，丰富传统文化中幼儿美术教育的内涵，完善传统文化中幼儿美术教育的课程体系。例如：在教育活动方案《我爱北京天安门》中，以祖国的建筑为主题，通过绘画、手工、欣赏，亲子共同制作"我"心中的天安门，在家园共育中共同描绘幼儿心中的美好建筑，增强幼儿和家长的民族自豪感。

幼儿园大厅环境——水墨系列作品展示

一、在成果中改变家长的育儿观

《幼儿园教育指导纲要（试行）》中指出，在家园合作中，幼儿园应处于主导地位。作为专业教育机构的专职教育工作者，依据儿童身心发展的特点和规律，掌握科学的幼儿教育方法，将总结的传统文化中的幼儿美术教育经验和教育成果，以美术的形式展现给家长。通过展示，使家长感受幼儿在传统文化中的创造性表现，帮助家长在转变家长育儿观的同时走进幼儿的心灵。

二、在实践中提高家长的教育观

学习的过程是相通的，通过组织丰富多彩的家园互动活动，请家长走进课堂、参与活动，在活动中感受传统文化中的幼儿美术教育活动带来的愉悦感、成功感和满足感，让家长感悟到幼儿在此过程中收获的心理体验，使家长感受到美术教育对幼儿良好心理素质形成的隐性功能。同时，通过作为指导者的教师和作为学习者的家长之间的互动，可以有效促进家庭教育水平的提高。

三、在协同中促进家园共育

幼儿园同家长的合作取决于家长的态度，家长态度会影响幼儿的情绪、情感以及能力的发展。为了使幼儿在传统文化中能够习得经验、获得能力，同时满足家长的合理愿望，可通过家委会对家长提出的美术教育问题或疑惑进行商榷，达成"共育"的策略，使家长的态度更加积极和明朗。在与家长的具体工作中通过调查、分析，提供具体的育儿经验的支持与帮助，有效地促使家长在传统文化中通过美术教育的途径达成与园所的教育共识，以促进幼儿全面的发展与人格的塑造。

"承中华之景，绘美好家园"活动剪影

幼儿园公共环境展示

第三节　传统文化中幼儿美术教育与环境创设

蒙台梭利认为"儿童的发展是在与环境的相互作用中进行的，因此，应该重视环境的创设，即为儿童提供一种有准备的环境"。幼儿的年龄特点决定了幼儿对环境的依赖、受环境的影响。正如《幼儿园教育指导纲要（试行）》中指出："幼儿园应为幼儿提供健康、丰富的生活和活动环境，满足他们多方面的需要，使他们在快乐的童年生活中获得有益于身心发展的经验。"

幼儿园的环境创设不仅是一种背景和衬托，更是一种教育活动，具有独特的教育性和审美性，是文化的载体及传统文化的组成部分。幼儿通过环境在传统文化中能够汲取知识、获得能力，体现思维过程。教师在环境当中充当传统文化的传播者和创造者，通过环境创设把丰富多彩、博大精深、意境高远的传统文化与幼儿园环境创设结合起来，让幼儿能够认同本民族的文化，萌发对民族文化的兴趣和爱好，培养幼儿的民族自豪感。

坚持环境育人的理念，通过创设具有中华优秀传统文化的符号元素，使环境中彰显出浓厚的民族的、民间的文化气息，把传统文化的内容通过美术教育渗透在园所的班级环境和户外环境中，为幼儿在传统文化教育环境中的熏陶提供了美的氛围和文化的气息，以润物细

幼儿水墨作品展示

无声的环境氛围陶冶幼儿的情操，提升幼儿的审美情趣。通过美术材料与环境的有机结合，使幼儿感受美、表现美、创造美，让中华优秀传统文化的养分潜移默化地植入幼儿的血液中。

在园所传统文化的环境创设中，充分发挥幼儿与中国传统节日、传统美术、传统社会生活和传统文学故事之间积极的相互作用。例如，一楼的公共环境中展示幼儿及教师的水墨作品，营造出清新淡雅、怡情养性的氛围，让幼儿在入园时能够情绪安静、心情愉悦；二楼的环境创设重点体现典型的中国传统美术内容，展现教师和幼儿创作的剪纸作品，撕纸、面塑、京剧脸谱、扎染、风筝手工艺品，呈现出色彩明快、造型生动、纹样鲜明的风格；户外环境创设依据传统社会生活的内容，教师自制了一些适宜幼儿活动的美术游戏玩具，丰富了幼儿情感的表达方式。

通过环境创设，使教师和幼儿体验快乐的同时，也激发出对民族优秀文化的自豪感和自信心，从而有效地将中华优秀传统文化与幼儿美术形式合理地统一在幼儿美术教育活动中，把美术的符号元素渗透在主题活动、游戏活动和一日生活等活动中。

一、在环境中渗透传统节日

对幼儿进行节日文化教育，是幼儿园的社会教育不可缺少的重要内容。教师通过创设丰富多样的节日环境进行文化教育，诸如传统节日中的春节舞狮、舞龙、逛庙会、逛花街，元宵节闹元宵、赏花灯、放烟花、耍龙灯、扭秧歌，还有龙舟竞渡、粽子飘香的端午节，月圆人圆、喜庆丰收的中秋节，登高野游、佩插茱萸的重阳节等，每个节日都有它的历史渊源、神话传说以及独特的文化习俗。

以"春节"为例，首先，教师可以布置"快乐过春节"的主题环境，主题墙可分成3个部分：第一部分是用图片、照片布置"春节大团圆"的场景图；第二部分布置"我设计的窗花和鞭炮"，用幼儿制作的窗花、鞭炮等作品装饰环境；第三部分是"春节的故事"，收集各种有关春节的故事图片装饰墙面。其次，教师还可以在美工区提供彩泥让幼儿制作手工饺子，或提供绘画工具让幼儿画饺子。

二、在环境中渗透传统美术

在传统文化中，传统美术作为文化的载体和内容，通过环境创设与环境的融合，传递中华民族特有的审美品位，如水墨、剪纸、扎染等，教师可以充分利用环境育人的功能对幼儿进行传统文化教育。例如水墨环境创设，教师利用公共环境空间创设"水墨活动区"，展示齐白石、张大千、李可染等国画大师的作品用于幼儿欣赏，投放笔、墨、纸、砚、颜料等工具材料，便于幼儿在美术活动中操作，自由创作与生活贴近的水墨作品装饰环境，增强幼儿对水墨文化的体验和感知。

三、在环境中渗透传统社会生活

选择积极、健康、向上的适宜幼儿表现的社会生活内容，诸如民俗活动、传统游戏、衣冠服饰、中华美食、名胜古迹等，通过美术的工具材料，以绘画、手工、欣赏、综合等多样化的形式渗透到园所环境中，以满足幼儿创作的兴趣，丰富幼儿的生活经验，获得审美的体验与感受。例如教师可以在大班的表演区专门设立一个"京剧文化园"，借助由美术工具、材料制作的京剧脸谱、戏曲服饰等，让幼儿在表演中充分感受京剧文化，提高审美情趣。

四、在环境中渗透传统文学故事

中国传统文学中有许多经典的文学故事，它们是传统文化的瑰宝，也是传统文化的形态。在幼儿园教育中弘扬中华优秀传统文化，让经典的文学故事回归幼儿园教育，对幼儿语言的发展具有十分重要的意义。通过美术的方式表现幼儿的情感、经验、生活，如：依托绘本的形式在环境中呈现民间传说和文学故事，通过动画的形式在环境中再现文学故事中的场景。通过环境创设营造出和谐、友爱、人性化的氛围，以润物细无声的方式在潜移默化中促进幼儿对中国传统文学的热爱和传承。

幼儿园文化墙

第四节　传统文化中幼儿美术教育资源的开发与整合

《幼儿园教育指导纲要（试行）》指出："幼儿园应与家庭、社区密切合作，综合利用各种教育资源，共同为幼儿的发展创造良好的条件。"资源是幼儿园传统文化与幼儿美术教育课程建构的重要保障。"充分利用自然环境和社区的教育资源，扩展幼儿生活和学习的空间"，以促进幼儿教育质量的不断提高。在新时代教育发展和变革中，人们对教育的认识趋向于综合和多元。在提升园所品质、教师成长、幼儿发展等方面，急需适应现代的教育观念，落实园所、家庭、社会三位为一体的资源整合模式，为全面提升幼儿园的教育质量和教学水平奠定基础。

在传统文化的幼儿美术教育课程中，应注重校外资源、自然资源、社会资源和网络资源的开发与整合。

一、拓展校外美术教学的资源

校外美术教育资源主要指的是社会公共文化设施、社区环境资源和美术产业资源。

社会公共文化设施主要指美术馆、博物馆等为社会服务的公共文化场馆，这些公共文化场馆往往在建筑和空间设计方面都独具特色，拥有大量的文物资料和文献资料，还提供美术讲座等多种艺术活动，为传统文化与美术教学活动的开展提供了丰富的课程资源。教师可广泛利用美术馆、图书馆、博物馆、艺术家工作室、艺术作坊等资源，开展多种形式的美术教育活动。

博物馆、美术馆通过展览的方式将藏品呈现出来，让人们感受传统文化的底蕴。不同的博物馆侧重点不同，可组织教师多次参观中国美术馆、中央美术学院美术馆、电影博物馆等综合性、主题性的展馆，进行大量的美术欣赏与美术实践活动。这种亲历体验式的学习方式不仅全面提升了教师的美术素养和人文素养，还逐步内化成为教师的教育观念和教育行为，即顺应幼儿的学习特点，充分为幼儿创设感知及体验的时间、空间和环境，以美育人，促进幼儿全面、和谐发展。

社区环境资源主要指学校所处的社区内可供利用的美术课程资源，包括社区的人文景观、独具特色的民宅、重要建筑、广场、公园、游乐场、运动场、街道、桥梁、雕塑、广告、商场、橱窗、寺庙、祠堂、村庄等。这些资源与幼儿的生活密切相关，开发这类课程资源不仅能提高美术课程资源开发的宽度和广度，还能培养幼儿审美的态度，增强幼儿对文化的认知和感受。

美术产业资源主要指传统艺术作坊、现代美术工厂、艺术家工作室等与美术生产直接相关的资源。参观传统艺术作坊和美术工厂，可以了解传统艺术和美术产品的制造过程，以及蕴含在其中的历史文化背景。访问艺术家工作室可以直接与艺术家进行交流，更深入地了解艺术家的思想生活和艺术风格，感受艺术创作的氛围。

作为一所美术教育特色园，教师具有良好的艺术素养是非常必要的。因此，在研究的初始阶段可以组织教师进行了大量的理论学习，如美术基础知识、美术作品欣赏、开展美术背景下的主题活动等相关内容，并以园本课程的形式研究美术教学活动的有效指导策略等，教师在理论知识和教学方法等方面都得到了很大提高。

二、充分利用自然和社会文化资源

自然资源主要指山川、丘陵、沙漠、戈壁、田野、河流、湖泊等自然景观资源和生活中随手可得的自然美术材料，适合开展欣赏、写生、创作、摄影等各种美术教学活动。自然材料也是非常重要的美术课程资源，城市幼儿园有黏土、皱纹纸、一次性用具等材料，农村幼儿园有卵石、草根、竹木等乡土材料。依托于各地的自然环境，如北京地区，可组织教师在长城、黑龙潭公园、颐和园等景点进行采风和写生活动，促进和激发教师热爱自然、热爱生活的美好情感和审美情趣。

三、积极择取社会文化资源

社会文化资源是指蕴含在生活中的各种形式的文化资源，包括民间美术资源、文物遗产资源、非物质文化遗产以及能对美术教学活动产生影响的节日、民间传说、重大历史事件、影视资源，等等，这些资源既可以作为表现对象直接进入班级活动，也可以作为传统文化主题进行开发，增强幼儿对美术文化的理解和感悟。

积极开发地方美术课程资源。我国历史悠久，地大物博，由于各地的文化传统、风俗习惯以及自然环境的差异，形成了独具特色的地方资源，合理地开发和利用地方美术课程资源，能满足幼儿美术学习的需求，培养幼儿对本民族、本地区文化的认同感及爱国情怀，进而引导幼儿认同本土文化、理解多元文化，促使幼儿能够自觉传承本地区的优秀文化。结合园所地域文化的传统与优势，结合幼儿的兴趣与发展需要，因地制宜地进行开发，最终将其转化为幼儿园园本课程。

四、开发和利用网络美术教学资源

充分利用网络获得最新的美术教育资源。网络资源已成为一种新型的美术课程资源，各种网络资源形式以及以网络资源为基础开发的各种教学模式都在美术教育实践中得到越来越多的应用。教师可通过合理选择和有效利用网络资源进行美术学习，积极参与网络美术课程资源的建设，并分享自己的教学经验和学习成果。

总之，教师和幼儿作为环境的主体，在传承传统文化、通过美术教育的途径建构适宜园所园本课程体系的过程中，要充分利用园所的家长资源、社区资源、专家资源等，按照"以美育人，美育人生"的教育主旨，为全面提升园所的教育品质而努力。

园所文化艺术活动——教师纸工拼贴

园所文化艺术活动——参观中央美术学院美术馆

北京市朝阳区教育国资中心幼儿园汇景园首届园所文化展示活动

园所文化艺术活动——参观中国电影博物馆

园所文化艺术活动——参观徐悲鸿艺术大展

后 记

学前教育是基础教育，也是终身教育的开端，而学前美术教育是我们从开始就一直坚定的方向。本着初衷，我们努力把思考已久的关于中国传统文化中幼儿美术教育进行了梳理和归纳。同时，我们在编写过程中查阅参考文献，借鉴国内外优秀的教育成果。由于学术水平有限，书中的论点、材料难免会有不足和疏漏，还请专家和同行惠于批评指正。

在此，我要诚挚地感谢恩师北京市朝阳区教育研究中心学前教研室原主任许美琳，引领我们在专业上不断提升，教会我们严谨的治学态度和强烈的社会责任感，恩师的言传身教使我们受益终身；感谢北京市朝阳区奥园幼儿园园长康靖玉、北京市朝阳区泛海幼儿园园长赵红两位领导，给予我们的信任，让我们得到了很多的学习与历练的机会，同时给予我们宽松的环境，支持我们做专业的研究；感谢北京市朝阳区教育国资中心幼儿园夏俊英书记，给予我们的支持和帮助，让我们在尊重、开放的环境中带领年轻教师们提升专业能力，共同成长；还要感谢曾经指导、帮助、鼓励和支持我们的所有专家、教师、同行及家人。此外，我们在出书的过程中得到了文化艺术出版社叶茹飞女士、李特女士给予本书的建议和帮助，在此表示深深的谢意。谢谢大家！

2021 年 3 月